मध्यकालीन हिन्दी काव्य

सम्पादक

डॉ. विश्वनाथ त्रिपाठी

डॉ. बिन्दु माधव मिश्र

वाणी प्रकाशन

वाणी प्रकाशन

'लोगो' वाणी प्रकाशन : मक़बूल फ़िदा हुसेन

वाणी प्रकाशन, 4695, 21-ए, दरियागंज, नयी दिल्ली-110002

वाणी प्रकाशन, अशोक राजपथ (पटना कॉलेज के सामने), पटना (बिहार)

MADHYAKALEEN HINDI KAVYA

Edited by Dr. Vishwanath Tripathi, Dr. Bindu Madhav Mishra

Poetry

ISBN : 978-93-5000-277-3

प्रथम संस्करण

मूल्य : 45/-

वाणी प्रकाशन

फोन : 0091#11#23273167, 23275710

फैक्स : 0091#11#23275710

वेबसाइट : www.vaniprakashan.in

ई-मेल : vaniprakashan@gmail.com

आर.टेक ऑफसेट प्रिंटर्स द्वारा दिल्ली-110095 में मुद्रित

प्राक्कथन

हिन्दी का मध्यकालीन काव्य उत्कृष्ट है और विविध भी। इसका थोड़ा-बहुत परिचय प्रस्तुत संकलन से भी हो जाएगा। चयन विद्यार्थियों को ध्यान में रखकर किया गया है इसीलिए उनकी आवश्यकताओं को देखते हुए प्रत्येक कवि की रचनाओं के साथ उसका परिचय और विस्तृत टिप्पणी दे दी गई है।

आशा है यह संकलन अध्येताओं को रुचिकर लगेगा।

—सम्पादक

विषयक्रम

कबीरदास

हिन्दी भाषी क्षेत्र में कबीरदास को निर्गुण भक्ति काव्यधारा का प्रवर्तक कहा जा सकता है। इनका जीवन-वृत्त विवादास्पद रहा है। प्रायः इन्हें सं. 1450 से 1550 के मध्य वर्तमान और दीर्घायु माना जाता है। उनके जन्म और माता-पिता को लेकर बहुत विवाद है। लेकिन यह स्पष्ट है कि कबीर जुलाहा थे, क्योंकि उन्होंने अपने को कविता में अनेक बार जुलाहा कहा है। कहा जाता है कि बे विधवा ब्राह्मणी के पुत्र थे, जिसे लोकापवाद के भय से जनमते ही काशी के लहरतारा ताल के पास फेंक दिया गया था। अली या नीरू नामक जुलाहा बच्चे को अपने यहाँ उठा लाया। इस प्रकार कबीर ब्राह्मणी के पेट से उत्पन्न हुए थे, लेकिन उनका पालन-पोषण जुलाहे के यहाँ हुआ, यह किंवदन्ती बन गई। बाद में वे जुलाहा ही प्रसिद्ध हुए। कबीर की मृत्यु के बारे में भी कहा जाता है कि हिन्दू उनके शव को जलाना चाहते थे और मुसलमान दफ़नाना। इस पर विवाद हुआ, किन्तु पाया गया कि कबीर का शव अन्तर्धान हो गया है। वहाँ कुछ फूल हैं। उनमें से कुछ फूलों को हिन्दुओं ने जलाया और कुछ को मुसलमानों ने दफ़नाया। मगहर, जिला बस्ती में उनकी समाधि और मजार दोनों पास-पास स्थित हैं।

कबीर का अपना पंथ या सम्प्रदाय क्या था, इसके बारे में कुछ भी निश्चयपूर्वक नहीं कहा जा सकता। वे रामानन्द के शिष्य के रूप में विख्यात हैं, किन्तु उनके 'राम' रामानन्द के 'राम' नहीं हैं। शेख तकी नाम के सूफी सन्त को भी कबीर का गुरु कहा जाता है, किन्तु इसकी पुष्टि नहीं होती। सम्भवतः कबीर ने इन सबसे सत्संग किया होगा और इन सबसे किसी न किसी रूप में प्रभावित भी हुए होंगे।

इससे प्रकट होता है कि कबीर की जाति के विषय में यह दुविधा बराबर

बनी रही है। इसका कारण उनके व्यक्तित्व, उनकी साधना और काव्य में कुछ ऐसी विशेषताएँ हैं, जो हिन्दू या मुसलमान कहने भर से नहीं प्रकट होतीं। उनका व्यक्तित्व दोनों में से किसी एक में नहीं समाता।

उनकी जाति के विषय में आचार्य हजारीप्रसाद द्विवेदी ने अपनी पुस्तक कबीर में प्राचीन उल्लेखों, कबीर की रचनाओं, प्रथा, वयनजीवी (बुनकर) जातियों के रीति-रिवाजों का विवेचन-विश्लेषण करके दिखाया है। "आज की वयनजीवी जातियों में से अधिकांश किसी समय ब्राह्मण श्रेष्ठता को स्वीकार नहीं करती थीं। जोगी नामक आश्रम-भ्रष्ट घरबारियों की एक जाति सारे उत्तर और पूर्वी भारत में फैली है। ये नाथपंथी थे, कपड़ा बुनकर और सूत कातकर या गोरखनाथ और भरथरी के नाम पर भीख माँगकर जीविका चलाया करते थे। इनमें निराकार भाव की उपासना प्रचलित थी, जाति भेद और ब्राह्मण-श्रेष्ठता के प्रति उनकी कोई सहानुभूति नहीं थी और न अवतारवाद में ही कोई आस्था थी। आसपास के बृहत्तर हिन्दू समाज की दृष्टि में ये नीच और अस्पृश्य थे। मुसलमानों के आने के बाद ये धीरे-धीरे मुसलमान होते रहे। पंजाब, उत्तर प्रदेश, बिहार और बंगाल में इनकी कई बस्तियों ने सामूहिक रूप से मुसलमानी धर्म ग्रहण किया। कबीरदास इन्हीं नवधर्मान्तरित लोगों में पालित हुए थे।"

कबीर के काव्य पर इन सबका प्रभाव देखा जा सकता है। उनमें वेदान्त का अद्वैत, नाथपंथियों की अन्तस्साधनात्मक रहस्य भावना, हठ योग कुंडलिनी योग, सहज साधना, इस्लाम का एकेश्वरवाद सब कुछ मिलता है।

अन्तस्साधनात्मक पारिभाषिक शब्दावली का प्रयोग उन्होंने खूब किया है, साथ ही अहिंसा की भावना और वैष्णव प्रपत्तिवाद भी। कबीर की बानी का संग्रह 'बीजक' कहलाता है। उनकी बानी अन्य स्रोतों से भी प्राप्त हुई है। बीजक के तीन भाग हैं—1. रमैनी, 2. सबद, 3. साखी। सबद में गेयपद हैं, साखी दोहों में है। रमैनी प्रायः दोहा-चौपाई शैली में है। रमैनी और सबद ब्रजभाषा में हैं जो तत्कालीन मध्यदेश की काव्य-भाषा थी।

साखियों में पूर्वी प्रयोग अधिक हैं, जिसे स्थानीय या क्षेत्रीय प्रभाव मानना चाहिए। कबीर साहसपूर्वक जन-बोली के शब्दों का प्रयोग अपनी कविता में

करते हैं। बोली के ठेठ शब्दों के प्रयोग के कारण ही कबीर को 'वाणी का डिक्टेटर' कहा जाता है। उनकी अनन्त तेजस्विता उनकी भाषा-शैली में भी प्रकट है। काजी, पण्डित, मुल्ला को सम्बोधित करते समय वे प्रायः तन जाते हैं। 'पाँडे कौन कुमति तोहिं लागी, कसरे मुल्ला बाँग निवाजा।'

किन्तु सामान्य जन को या हरिजन को सम्बोधित करते समय वे 'भाई' या 'साधो' जैसे शब्दों का प्रयोग करते हैं।

कबीर तथा अन्य निर्गुण संतों की उलटवासियाँ प्रसिद्ध हैं। उलटवासियों का पूर्व रूप हमें सिद्धों की 'संधा भाषा' में मिलता है। उलटवासियाँ अन्तस्साधनात्मक अनुभूतियों को असामान्य प्रतीकों में प्रकट करती हैं। वे वर्णाश्रम व्यवस्था को मानने वाले संस्कारों को धक्का देती हैं। इन प्रतीकों का अर्थ खुलने पर ही उलटवासियाँ समझ में आती हैं।

कबीर ने भक्ति पूर्व धार्मिक साधनाओं को आत्मसात अवश्य किया था। किन्तु वे इन साधनाओं को भक्ति की भूमिका या तैयारी मात्र मानते थे। जीवन की सार्थकता वे भक्ति या भगवद विषयक रीति में ही मानते थे। यद्यपि उनके 'राम' निराकार हैं, किन्तु वे मानवीय भावनाओं के आलम्बन हैं—इसीलिए कबीर ने निराकार निर्गुण राम को भी अनेक प्रकार के मानवीय सम्बन्धों में याद किया है। वे 'भरतार' हैं, कबीर 'बहुरिया' हैं। वे कबीर की माँ हैं 'हरि जननी मैं बालिक तोरा।' वे पिता भी हैं जिनके साथ कबीर बाजार जाने की जिद करते हैं।

कबीर भक्ति के बिना सारी साधनाओं को व्यर्थ और अनर्थक मानते हैं। इसी प्रेम और भक्ति के बल पर वे अपने युग के सारे मिथ्याचार, कर्मकाण्ड, अमानवीयता, हिंसा, पर-पीड़ा को चुनौती देते हैं। उनके काव्य, उनके व्यक्तित्व और उनकी साधना में जो अकड़पन, निर्भीकता और दोटूकपन है वह भी इसी भक्ति या महाराग के कारण। वे पूर्व साधनाओं की पारिभाषिक शब्दावली को अपनाकर भी उसमें जो नई अर्थवत्ता भरते हैं, वह भी वस्तुतः प्रेम-भक्ति की ही अर्थवत्ता है।

कबीर अपने अनुभव, पर्यवेक्षण और बुद्धि को निर्णायक मानते हैं, शास्त्र को नहीं। इस दृष्टि से वे यथार्थबोध के रचनाकार हैं। उनके यहाँ जो व्यंग्य की तीव्रता और धार है वह भी कथनी-करनी के अन्तर को देख पाने की क्षमता के कारण। अपने देखने या अनुभव को न झुठलाने के कारण ही वे परम्परा द्वारा दिए गए समाधान को अस्वीकार करके नये प्रश्न पूछते हैं—चलन चलन सब लोग कहत हैं, न जानौं बैकुण्ठ कहाँ है? या न जाने तेरा साहब कैसा है?

कबीर बहुत गहरी मानवीयता और सहृदयता के कवि हैं। अक्खड़ता और निर्भयता- उनके कवच हैं, उनके हृदय में मानवीय करुणा, निहीता जगत के सौन्दर्य से अभिभूत होने वाला हृदय विद्यमान है। कबीर की एक और विशेषता है—काल का तीव्र-बोध। वे काल को सर्वग्रासी रूप में चित्रित करते हैं और भक्ति को उस काल से बचने का मार्ग बताते हैं।

परम्परा पर सन्देह, यथार्थ-बोध, व्यंग्य, काल-बोध की तीव्रता और गहरी मानवीय करुणा के कारण कबीर आधुनिक भाव-बोध के बहुत निकट लगते हैं। किन्तु कबीर में अन्तस्साधनात्मक रहस्य-भावना भी है और राम में अनन्य भक्ति तो उनकी मूल भाव-भूमि ही है।

नाद, बिन्दु, कुण्डलिनी, षड्चक्र भेदन आदि का बार-बार वर्णन कबीर-काव्य का अन्तस्साधनात्मक रहस्यवादी पक्ष है। कबीर में स्वाभाविक रहस्य भावना बड़े मार्मिक तौर पर व्यक्त की गई है। ऐसे अवसरों पर वे प्रायः जिज्ञासु होते हैं—

कहो भइया अंबर कासौं लागा।

कबीर में जीवन के द्वन्द्वात्मक पक्ष को समझ लेने की अद्भुत क्षमता थी इस परस्पर विरोधिता को न समझने पर कबीर का मर्म नहीं खुलता। जिसे जीना कहा जाता है, वह वस्तुतः जीवित रहने और मृत्यु की ओर निरन्तर बढ़ते रहने की प्रक्रिया है। फिर भी लोग कुशल पूछते हैं और कुशल बताते हैं। लोग जीने का केवल एक पक्ष देखते हैं, दूसरा नहीं। कबीर इस पर व्यंग्य करते हैं, हँसते हैं और करुणा करते हैं—

कुसल-कुसल ही पूछते कुसल रहा न कोय।
जरा मुई न भय मुआ कुसल कहाँ ते होय॥

कबीर विशाल गतिशील बिम्ब प्रस्तुत करते हुए आकाश और धरती को चक्की के दो पाट बताते हैं :

चलती चाकी देखकर, दिया कबीरा रोय।
दो पाटन के बीच में, साबुत बचा न कोय॥

वे समाधि, सत्संग, गुरु-उपदेश, हरि-भजन आदि की सुखानुभूति का चित्रण उत्कृष्ट इन्द्रिय बोधात्मक तीव्रता के साथ करते हैं :

सतगुर हूमसूं रीझ कर, कहा एक प्रसंग।
बादर बरसा प्रेम का, भीज गया सब अंग॥

कबीर सादृश्य-विधान प्रायः अवर्ण जातियों के व्यवसाय के आधार पर खड़ा करते हैं। जुलाहा, माली, कुम्हार, लोहार, व्याध, कलवार आदि के व्यवसायों का उपयोग वे प्रायः अलंकार योजना में करते हैं। यह प्रायः सभी निर्गुण कवियों में पाया जाता है।

कबीरदास के काव्य में अपने समय की प्रायः सभी साधनाओं का समन्वय मिलता है। वेदान्त, नाथ-सिद्धों की साधना, इस्लाम का प्रभाव उन पर स्पष्ट है। वैष्णव तो थे ही। कबीर ने अनेक पंक्तियों में विष्णु के अवतारी नामों—राम, नरहरि, गोकुल नायक, कान्ह आदि का स्मरण किया है। किन्तु उनका आशय निर्गुण सत्ता से ही होता है। कबीर जब परम सत्ता को निर्गुण कहते हैं तो उनका मतलब गुणरहित सत्ता से नहीं, गुणातीत सत्ता होता है। वे ब्रह्म को समस्त ज्ञात एवं अज्ञात गुणों का स्रोत मानते हैं।

कबीर ने अपने समय की अनेक साधनाओं से प्रभाव ग्रहण किया और उनकी आलोचना भी की। इस दृष्टि से उन्हें भी समन्वयवादी कहा जा सकता है। वस्तुतः समन्वय का मतलब समझौता नहीं होता। समन्वयवादी अपने आधारभूत सिद्धान्त को नहीं छोड़ता। उस सिद्धान्त पर स्थित रहकर दूसरों की जितनी बातों को वह ग्रहण कर सकता है, स्वीकार कर लेता है। कबीरदास जिनसे ग्रहण करते थे, उनकी अनेक अस्वीकार्य बातों का विरोध भी करते थे।

कबीर निस्सन्देह समाज सुधारक थे। वे वर्ण व्यवस्था, हिंसा, मूर्तिपूजा,

बाह्माचार कामिनी-कंचन का विरोध करके समाज को ही सुधारना चाहते थे। समाज-सुधारक होने से उनकी कविता का अपकर्ष नहीं हुआ है। यह धारणा भ्रामक है कि समाज-सुधार की भावना कवित्व की विरोधी है। वस्तुतः समाजसुधार की भावना का सम्बन्ध सामाजिक चेतना से है जिसके अभाव में कवित्वक्षमता का पूर्ण उत्कर्ष नहीं होता।

साखी

सतगुर सवाँन को सगा, सोधी सईं न दाति।
हरिजी सवाँन को हितू, हरिजन सईं न जाति॥1॥
सतगुर मार्‌या बाण भरि, धरि करि सूधी मूठि।
अंग उघाड़ै लागिया, गई दवा सूँ फूटि॥2॥
सतगुर बपुरा क्या करै, जे सिष ही माँहै चूक।
भावै त्यूं प्रमोधि ले, ज्यूं बंसि बजाई फूँक॥3॥
कबीर प्रेम न चाषिया, चषि न लीया साव।
सूनें घर का पाहुणां, ज्यूं आया त्यूं जाव॥4॥
राम पियारा छांड़ि करि, करै आंन का जाप।
बेस्वां केरे पूत ज्यूं, कहै कौन सूं बाप॥5॥
बिरहनि ऊभी पंथ सिरि, पंथी बूझै धाइ।
एक सबद कहि पीव का, कबर मिलैंगे आइ॥6॥
यहु तन जालौं मसि करूं, ज्यूं धूंवा जाइ सरग्गि।
मति वै राम दया करै, बरसि बुझावै अग्गि॥7॥
जिहि सरि मारी काल्हि, सो सर मेरे मन बस्या।
तिहि सरि अजहूँ मारि, सर बिन सच पाऊँ नहीं॥8॥
पूत पियारो पिता कौं, गौंहनि लागा धाइ।
लोभ मिठाई हाथ दै, आपण गया भुलाइ॥9॥
डारी खाँडू पटकि कर, अंतरि रोस उपाइ।
रोवत रोवत मिलि गया, पिता पियारे जाइ॥10॥
फाड़ि पुटोला धज करौं, कामलड़ी पहिराउं।
जिहि जिहि भेषां हरि मिलै, सोइ सोइ भेष कराउं॥11॥
अगनि जु लागी नीर मैं, कंदू जलिया झारि।
उतर दषिण के पंडिता, रहे बिचारि बिचारि॥12॥

आकासे मुखि औंधा कुवाँ, पाताले पनिहारि।
ताका पांणीं को हंसा पीवै, बिरला आदि बिचारि॥13॥
सिव सकती दिसि कौंण जु जोवै, पछिम दिसा उठै धूरि।
जल मैं स्यंघ जु घर करै, मछली चढ़ै खजूरि॥14॥
कबीर माठी कलाल की, बहुतक बैठे आइ।
सिरि सौंपै सोई पिवै, नहिं तौ पिया न जाइ॥15॥
कबीर कूता रांम का, मुतिया मेरा नांउं।
गले रांम की जेवड़ी, जित खैंचै तित जांउं॥16॥
तो तो करै त बाहुड़ौं, दुरि दुरि करै तौ जांउं।
ज्यूं हरि राखै त्यूं रहौं, जो देवै सो खांउं॥17॥
कबीर यहु मन कत गया, जो मन होता काल्हि।
डूँगरि बूठा मेह ज्यूं, गया निबांणां चालि॥18॥
भगति दुवारा संकड़ा, राई दसवैं भाइ।
मन तौ मैंगल ह्वै रह्यौ, क्यूं करि सकै समाइ॥19॥
जोरू जूठणि जगत की, भले बुरे का बीच।
उत्यम ते अलगे रहैं, निकटि रहैं ते नीच॥20॥
नारि पराई आपणीं, भुगत्या नरकहिं जाइ।
आगि आगि सबरौ कहै, तामैं हाथ न बाहि॥21॥
खूब खांड़ है खीचड़ी, मांहि पड़ै टुक लूंण।
पेड़ा रोटी खाइ करि, गला कटावे कौंण॥22॥
सेष सबूरी बाहिरा, क्या हज काबै जाइ।
जिनकी दिल स्याबति नहीं, तिनकौं कहाँ खुदाइ॥23॥
मन मथुरा दिल द्वारिका, काया कासी जांणि।
दसवां द्वारा देहुरा, तामैं जोति पिछांणि॥24॥
भगति हजारी कपड़ा, तामैं मल न समाइ।
साषित काली काँबली, भावै तहाँ बिछाइ॥25॥

चंदन की कुटकी भली, नां बंबूर की अंबराउं।
बैश्नौं की छपरी भली, नां साषत की बड़गांउ ॥26॥
साषत बांभण मति मिलै, बैसनौं मिलै चँडाल।
अंकमाल दे भेटिये, मांनौ मिले गोपाल॥27॥
रांम जपत दालिद भला, टूटी घर की छांनि।
ऊँचे मंदिर जालि दे, जहाँ भगति न सारँगपानि॥28॥
गगन दमांमां बाजिया, पड़्या निसानैं घाव।
खेत बुहार्‌या सूरिवैं, मुझ मरणे का चाव॥29॥
सूरा तब ही परषिये, लड़ैं धणीं के हेत।
पुरिजा पुरिजा ह्वै पड़ै, तऊ न छांड़ै खेत॥30॥
हम घर जाल्या आपणां, लिया मुराड़ा हाथि।
अब घर जालौं तास का, जे चलै हमारे साथि॥31॥
कबीर यहु घर प्रेम का, खाला का घर नांहिं।
सीस उतारै हाथि करि, सो पैसै घर मांहिं॥32॥

पदावली

अब तोहि जांन न देहूं रांम पियारे,
ज्यूं भावै त्यूं होह हमारे॥
बहुत दिनन के बिछुरे हरि पाये।
भाग बड़े घर बैठे आये॥
चरननि लागि करौं बरियाई।
प्रेम प्रीति राखौं उरझाई॥
इत मन मंदिर रहौ नित चोषे।
कहै कबीर परहु मति धोषै ॥1॥

पांडे कौन कुमति तोहि लागी।
तूं राम न जपहि अभागी॥

बेद पुरांन पढ़त अस पांडे, खर चंदन जैसें भारा।
रांम नांम तत समझत नांहीं, अंति पड़े मुखि छारा॥
बेद पढ्यां का यहु फल पांडे, सब घटि देखै रांमां।
जनम मरन थैं तौ तूं छूटैं, सुफल हूंहिं सब कांमां॥
जीव बधत अरु धरम कहत हौ, अधरम कहाँ है भाई।
आपन तौ मुनिजन है बैठे, कासनि कहौं कसाई॥
नारद कहै व्यास यौं भाषै, सुखदेव पूछौ जाई।
कहै कबीर कुमति तव छूटै, जे रहौ रांम ल्यौ लाई॥2॥

छाकि पर्‌यो आतम मतिवारा।
पीवत रांम रस करत बिचारा॥
बहुत मोल महँगे गुड़ पावा।
लं कसाब रस रांम चुवावा॥
तन पाटन मैं कीन्ह पसारा।
मांगि मांगि रस पीवै बिचारा॥
कहै कबीर फाबी मतिवारी।
पीवत रांम रस लगी खुमारी॥3॥

हरि जननीं मैं बालिक तेरा।
काहे न औगुंण बकसहु मेरा॥
सुत अपराध करै दिन केते।
जननीं कै चित रहैं न तेते॥
कर गहि केस करै जौ घाता।
तऊ न हेत उतारै माता॥
कहै कबीर एक बुधि बिचारी।
बालक दुखी दुखी महतारी॥4॥

राम बांन अन्याले तीर।
जाहि लागे सो जानैं पीर॥
तन मन खोजौं चोट न पाऊँ।
ओषद मूलि कहां घसि लाऊं॥
एकहि रूप दीसै सब नारी।
नां जांनौं को पीयहि पियारी॥
कहै कबीर जा मस्तकि भाग।
नां जांनूं काहू देइ सुहाग॥5॥

तूं माया रघुनाथ की खेलण चढ़ी अहेड़ै।
चतुर चिकारे चुणि चुणि मारे कोई न छोड़्या नेड़ै॥
मुनियर पीर डिगंबर मारे, जतन करंता जोगी।
जंगल महि के जंगम मारे, तूं र फिरै बलिवंती॥
बेद पढंता बांम्हण मारा, सेवा करतां स्वामी।
अरथ करंता मिसर पछाड़्या, तूं र फिरै मैमंती॥
साषित कै तूं हरता करता, हरि भगतन कै चेरी।
दास कबीर रांम के सरनैं, ज्यूं लागी त्यूं तोरी॥6॥

कहु पांडे सुचि कवन ठांव।
जिहि घरि भोजन बैठि खाउं॥
माता जूठी पिता पुनि जूठा, जूठे फल चित लागे।
जूठा आंवन जूठा जांनां, चेतहु क्यूं न अभागे॥
अंन जूठा पांनीं पुनि जूठा, जूठे बैठि पकाया।
जूठी कड़छी अंन परोस्या, जूठे जूठा खाया॥
चौका जूठा गोबर जूठा, जूठी काढ़ी कारा।
कहै कबीर तेई जन सूचे, जे हरि भजि तजहि बिकारा॥7॥

राजा रांम बिना तक त्ती धो धो।
रांम बिना नर क्यूं छूटौगे,
जंम करै नग धो धो धो॥
मुद्रा पहरयां जोग न होई, घूँघट काढ़्या सती न होई॥
माया कै सँगि हिलि मिलि आया, फोकट साटै जनम गँवाया॥
कहैं कबीर जिनि हरि पद चीन्हां,
मलिन प्यंड थैं निरमल कीन्हां॥8॥

आबध रांम सबै करम करिहूं।
सहज समाधि न जम थैं डरिहूं॥
कुंभरा ह्वैकरि बासन घरिहूं, धोबी ह्वै मल धोऊं।
चमरा ह्वैकरि रंगौं अघौरी, जाति पांति कुल खोऊं॥
तेली ह्वै तन कोल्हू करिहौं, पाप पुंनि दोऊ पीरौं।
पंच बैल जब सूध चलाऊं, रांम जेवरिया जोरूं॥
छत्री ह्वैकरि खड़ग सँभालूँ, जोग जुगति दोउ साधूं।
नउवा ह्वैकरि मन कूं मूंडूं, बाढ़ी ह्वै कर्म बाढ़ूं॥
अवधू ह्वैकरि यहु तन धूतौं, बधिक ह्वै मन मारूं।
बनिजारा ह्वै ततकूँ बनिजूँ, जुवारी ह्वै जम हारूं॥
तन करि नव का मन करि खेवट,
रसनां करऊं बाडारूं।
कहि कबीर भौसागर तिरिहूं,
आप तिरूं बप तारूं॥9॥

टिप्पणी

साखी

(1) सवांन = समान; सोधी = निर्मल करने वाला, साधक (सं. शोधिन्
दाति = दाता-दातृ; सईं = समान (सदृश)। वाक्य में सतगुर प्रस्तुत और सोधी
हरिजी और हरजिन अप्रस्तुत हैं।

(2) सूधी = सीधी (शुद्ध), दवा = दावा-अग्नि; सूँ = समान (सम)। मूठि—मूठ मारना, मूठ चलाना—ओझा, बाजीगर आदि के द्वारा मुट्ठी में सरसों, तिल आदि लेकर मन्त्र पढ़कर किसी व्यक्ति पर उसे वशीकृत करने अथवा हानि पहुँचाने के उद्देश्य से फेंकना। यह कार्य प्रत्यक्ष अथवा परोक्ष दोनों प्रकार से किया जाता है। यहाँ सतगुर के द्वारा उपदेश रूपी बाण मारना प्रत्यक्ष (सूधी) मूठ मारने के समान कहा गया है। मारना क्रिया का बाण और मूठ दोनों से अन्वय।

(3) बपुरा = बेचारा; सिष = शिष्य; चूक = अयोग्यता; प्रमोधि लै = (स्वयं का) प्रबोधन कर ले। बंसि बजाई फूँक—जिस प्रकार वंशी में फूँक एक ही होती है किन्तु प्रत्येक रंध्र से भिन्न स्वर निकलता है वैसे ही सतगुर सभी शिष्यों को समान उपदेश देता है, योग्य लाभान्वित होता है, अयोग्य वंचित रह जाता है।

(4) चाषिया = चखा; साव = स्वाद; पाहुणां = मेहमान। यदि प्रेम का स्वाद नहीं लिया तो संसार में मनुष्य का आना व्यर्थ है जैसे सूने घर में आये मेहमान की यात्रा निरर्थक है, वह जैसे आता है वैसें ही वापस जाता है।

(5) आंन = अन्य; बेस्वां = वेश्या।

(6) ऊभी = खड़ी हुई (ऊर्ध्व); पंथ सिरि = पंथ के सिरे पर—किनारे; कब र = कब रे (विस्मयादिबोधक)।

(7) मति = शायद; मसि = काजल, कोयला; ज्यूं = जिससे।

(8) सरि = शर—इ तृतीया विभक्ति; सच = शान्ति, सुख।

(9) गौंहनि = साथ में, भुलाइ गया = खो गया, छिप गया।

(10) खाँड़ू = शक्कर, मिठाई (खण्ड); अंतरि रोस उपाइ = हृदय में रोष उत्पन्न करके।

(11) पुटोला = रेशमी वस्त्र, पाटाम्बर; छज = चिथड़ा; कामलड़ी पहिराउं = सुन्दर माला पहन कर शृंगार करूँ—कामल=कम्बल + ड़ी स्वार्थे—कमली अर्थ भी किया जा सकता है। किन्तु 'पहनना' क्रिया से 'सुन्दर माला' का ही अन्वय बैठता है। भेषां = वेषों में।

(12) कंदू = कर्दम—विकार; जलिया = जला-भूत.; झारि= समस्त; उतर

दषिन के पंडिता = योग मार्ग और भक्ति मार्ग के साधक, विद्वान्।

(13) आकासे = हठयोग में वर्णित सहस्रार चक्र; मुखि औंधा कुवां = अधोमुखी कुवां—सहस्रार कमल; पाताले = मूलाधार चक्र; पनिहारी = पानी भरने वाली—कुण्डलिनी जो मूलाधार से सहस्रार तक—नीचे से ऊपर जाती है; को=कोई; हंसा=मुक्तात्मा; बिरला आदि बिचारि=बिरला ही इस आदि (मूल—वास्तविक) स्थिति का अनुभव (विचार) कर सकता है।

(14) सिव = शिव—शैवमत; सकती = शक्ति—शाक्तमत; जोवै =देखे—अपेक्षा करे; पछिम दिसा = पश्चिम दिशा—कुण्डलिनी मार्ग—हठयोग—कुण्डलिनी नीचे से ऊपर जाती है, यह उलटी गंगा का बहना कहा गया है—पश्चिम प्रवाहिनी; उठै धूरि = मार्ग में धूल उठती है—छायी है अर्थात् मार्ग पर अनेक निरन्तर चलते जा रहे हैं; जल = विषय वासना, सांसारिक आकर्षण, स्यंध = सिंह = मन (सिंह—सिंघ में 'इ' का 'य' होना स्वर का श्रुतीकरण—यह कबीर की भाषा का निजी गुण है—ईडियोसिंक्रेसी। घर करै= अधिकारपूर्वक रहने में समर्थ हो; मछली=कुण्डलिनी अथवा आत्मा; खजूरि=खजूर पर—ऊर्ध्वमुखी होना—परमात्मा में लीन होना।—शैव और शाक्त मतों की ओर कौन है जो (भला) देखे—अपेक्षा करे (जबकि) योगमार्ग परीक्षित है—विश्वस्त है कि उस पर (निरन्तर) धूल छायी रहती है। किन्तु मछली खजूर पर (तभी) चढ़ती है—कुण्डलिनी सहस्रार तक तभी पहुँचती है अथवा आत्मा परमात्मा में तभी लीन होती है (जब) सिंह जल में घर कर ले अर्थात् मन जागतिक प्रपंचों में रहकर भी निर्लिप्त रहे।

(15) माठी कलाल की=कलवार की शराब की भट्ठी (कल्यपाल); सिर सौंपै= अहंकार का त्याग करे।

(16) कूता = कुत्ता; मुतिया = मोती का अल्पार्थक—कबीर ने हीरा-मोती आदि शब्दों का प्रयोग तीन अर्थों में किया है—परमात्मा, आत्मा और ज्ञान। यहाँ आराध्य के प्रति पूर्ण समर्पित व्यक्ति का अर्थ है—समर्पण और एकान्तनिष्ठा कुत्ते जैसी। जेवड़ी = रस्सी, जंजीर।

(17) तो तो करै = तू तू करे—कुत्ते को बुलाने, पुचकारने का स्वर; त = तो; बाहुड़ौं = वापस आऊँ; दुरि दुरि करै=दुत्कारे।

(18) डूँगरि बूठा मेह= डूंगरी (पहाड़ी) पर बरसे जल की भाँति; गया निबांणां चालि = नीचे (ढाल की ओर) चला गया (बह गया)।

(19) दुवारा = द्वार, संकड़ा = संकीर्ण–सँकरा; राई दसवैं भाइ= राई के दसवें भाग के बराबर; मैंगल=मत्त हाथी।

(20) जोरू=पत्नी–स्त्री; उत्यम= उत्तम, भले व्यक्ति; नारी संसार की जूठन है–भक्त है अतः त्याज्य है। यह अच्छे-बुरे दोनों के बीच रहती है। अच्छे-बुरे का प्रमाण यही है कि जो इससे अलग रहे वह अच्छा, जो निकट रहे वह बुरा। नारी के प्रति मध्यकालीन दृष्टि।

(21) भुगत्या= भोग करने पर; हाथ न बाहि= हाथ मत डाल। नारी चाहे पराई हो अथवा अपनी, उसका भोग करने पर नरक को ही लोग जाते हैं।

(22) खूब खाँड़ है खीचड़ी = खिचड़ी (कुसर) भी क्या खूब मिठाई है; मांहि = में (अधिकरण परसर्ग), टुकलूंण=जरा-सा नमक। गरीबी में सन्तोष द्रष्टव्य है।

(23) सेष = शेख–मुसलमानों की ऊँची जाति; सबूरी = सब्र, धैर्य; बाहिरा=बाहर–वंचित। स्याबति=साबुत, पूर्ण–उदारता, दया आदि से भरा। 'दिल' का स्त्री. प्रयोग।

(24) दसवाँ द्वारा = दशम द्वार–ब्रह्मरंध्र–कहा गया है कि सहस्रार चक्र स्थित चन्द्रमा का अमृत इसी मार्ग से झरता है। इसी में कुण्डलिनी प्रवेश करके अमृतपान करती है जिससे योगी अमर हो जाता है। देहुरा–देवालय; तामैं जोति पिछांणि = उसमें ज्योति पहचानो। मथुरादि तीर्थों का प्रत्याख्यान–सभी इसी शरीर में हैं। वास्तविक देवालय दशमद्वार है।

(25) हजारी कपड़ा=बहुमूल्य कपड़ा; साषित=शाक्तमत; इस हजारी कपड़े को चाहे जहाँ बिछा लो, काली कँबली तो शीर्घ गन्दी हो जाती है। भक्ति की प्रतिष्ठा।

(26) कुटकी = छोटा-सा टुकड़ा; बंबूर की अंबराउं = बबूल का बाग (आम्राराम); साषत = शाक्त। वैष्णव जन की श्रेष्ठता।

(27) अंकमाल = आलिंगन।

(28) दालिद = दारिद्र्य; छांनि = छपरी; सारंगपानि=विष्णु का नाम।

(29) गगन = शून्य स्तर—सहस्रार चक्र; दमांमां= नगाड़ा—अनहद नाद; निसानैं घाव=धौंसे पर चोट (बड़े नगाड़े का बजाना—अनहदनाद का प्रतीक)। सूरिवैं=शूरमा ने।

(30) धणीं के हेत=धनी—स्वामी-ईश्वर के लिए; पुरिजा-पुरिजा= टुकड़े-टुकड़े; खेत= रणक्षेत्र। दोनों साखियों में साधक के लिए शूरवीर का रूपक।

(31) मुराड़ा=मशाल—ज्ञान का आलोक; घर = अपनत्व, मोह; जालौं=जलाऊँ।

(32) खाला= मौसी (अरबी—खालह्) 'खाला का घर' अधिकार हीनता के अर्थ में मुहावरा। सीस उतारै= अहंकार का शमन करे। पैसे= घुसे, प्रवेश करे।

पदावली

(1) चोषै=भली प्रकार से, सुखपूर्वक; बरियाई=जबरदस्ती।

(2) छारा=क्षार, धूल; ल्यौ लाई=प्रेम करके—यदि राम से प्रेम सम्बन्ध बना कर रहो।

(3) छाकि पर्‌यो=छक गया, सन्तुष्ट हो गया; कसाब=शराब खींचने का भभका (यन्त्र विशेष)—फारसी कशाब। पाटन=पट्टण—नगर—शरीर रूप नगर में प्रसार किया। फाबी=शोभित होती है; खुमारी= नशा, मद।

(5) अन्याले=नुकीले; ओषद=औषधि, मूलि=मूल, जड़; दीसै=दिखाई देती हैं; जा मस्तकिभाग=जिसके मस्तक में भाग्य है—जो सौभाग्यवती है; काहू=किसको; नारी=जीवात्मा।

(6) चिकारे=शिकार योग्य पशु, चित्रक (हरिण की जाति का पशु); अहेड़ै=शिकार; नेड़ै=निकट, आसपास; मुनियर=मुनिवर, पीर=फकीर; डिगंबर=दिगम्बर-जैन साधु; करंता=करता हुआ—वर्त. कृदंत-अपभ्रंश का अवशेष; महि के=में के; जंगम=प्राणी—जो चले फिर; तूं र=तू रे (विस्मयादि); बलिवंती=बलवान-स्त्री; सेवा करतां स्वामी=सेवा करवाता (ग्रहण करता) हुआ स्वामी—क्रिया का प्रयोग व्याकरण विरुद्ध है। मिसर=मिश्र-विद्वान्। दास

कबीर...त्यूं तोरी=सेवक कबीर राम की शरण में है इसलिए (तू उसका कुछ न बिगाड़ सकी) जैसी उसे लगी वैसी की वैसी उसने तोड़कर अपने से तुझे अलग कर दिया।

(7) अंन=अन्न–लिपिशैली–अनुस्वार से 'न्' का द्वित्व; कारा=रेखा (सं. कारा)–चौके के लिए कोयले मिट्टी आदि से खींची गई रेखा। सूचे=पवित्र।

(8) तक ती धो धो=यम (मृत्यु) के आगमन की सूचना देने वाले–नगाड़े का शब्द–ध्वन्यनुकरणात्मक; मुद्रा=नाथपंथी साधुओं के कान में पहनने का कुण्डल विशेष–मूलतः यह शब्द बौद्ध सिद्धों का है–मुद्रा नीच जाति की स्त्री होती थी जिससे वज्रयानी मैथुन करके सिद्धि प्राप्त करते थे। फोकट साटै=व्यर्थ के बदले (देशी. सट्ट) इसी से सट्टा शब्द बनता है–सट्टा बाजार। थैं=से।

(9) आबध=आबद्ध-बँधा रहकर भी; घरिहँ=गढ़ूँगा; अघौरी=घृणित वस्तु–चमड़ा; पीरौं=पेरता हूँ; पंच बैल=पंचेन्द्रियाँ; बाढ़ी=बढ़ई; बाढ़ँ=(लड़की का) गढ़ूँ, छीलूँ। अवधू=अवधूत–नाथपंथी साधु; धूतौं=ठगूँ, धोखा दूँ–अवधूत द्वारा योग प्रक्रिया में काया शुद्धि करना (अवधू ह्वैकरि यहु तन धूतौं)। लेकिन यहाँ अवधूत के प्रति अवज्ञा भाव है (जैसे अन्यत्र भी पाया जाता है) कि वह शरीर को ठगता है, उसका योग दिखावे का है। तत=तत्त्व-ब्रह्मतत्त्व-ज्ञान; नवका=नौका, बाड़ारूँ=पतवार (सं वर्त्मकार); आप तिरूं बप तारूं=स्वयं पार होऊँ और शरीर को भी पार कराऊँ–स्वयं आत्मतत्त्व-ज्ञान का साधन, वपु–कर्म का साधन। इस पद में ज्ञान और कर्म का समन्वय विशेष है।

सूरदास

सूरदास जी के जीवन-वृत्त के सम्बन्ध में बहुत कम ज्ञात हो सका है। महाप्रभु वल्लभाचार्य के पौत्र गोकुलनाथ कृत 'चौरासी वैष्णवन की वार्ता' तथा सूरदास कृत 'सूरसारावली' और 'साहित्य लहरी' के आधार पर आचार्य शुक्ल ने इनका जन्म सं. 1540 और मृत्यु सं. 1620 के आसपास स्वीकार किया है। सूर साहित्य पर महत्त्वपूर्ण आलोचनाओं और शोध ग्रन्थों में इन्हीं तीन कृतियों को आधार बनाकर नवीन तर्कों के द्वारा इन्हीं संवतों को स्वीकार कर लिया गया है। इनके आधार पर सूर की आयु 80 वर्ष ठहरती है। कुछ लोगों की रुचि इनका जन्म सं. 1535 और मृत्यु सं. 1640 स्वीकार करने की रही है। इस प्रकार ये 105 वर्ष के ठहरते हैं। पं. विश्वनाथ प्रसाद मिश्र ने सूरसाराबली और साहित्य लहरी वाले आधार को ही अपने प्रखर तर्कों और तथ्यों से ध्वस्त कर दिया है। इस प्रकार जन्म-मृत्यु के सभी सन्-संवत् संदिग्ध हो जाते हैं। ऐसी स्थिति में केवल गोकुलनाथ कृत 'चौरासी वैष्णवन की वार्ता' की सूचनाओं पर ही विश्वास किया जा सकता है। वार्ता के अनुसार महाप्रभु वल्लभाचार्य ने गोवर्धन पर पूरनमल खत्री के द्वारा श्रीनाथ जी का मन्दिर बनवाया था जिसमें सूरदास को कीर्तन-भजन की सेवा सौंपी। मन्दिर सं. 1576 में बना। उसके 11 वर्ष बाद महाप्रभु गोलोकवासी हुए। अतः 1576 से 1587 के बीच सूरदास का वल्लभ सम्प्रदाय में दीक्षित होना और श्रीनाथ जी के मन्दिर में प्रवेश पाना सिद्ध होता है। उस समय तक ये प्रौढ़ कवि के रूप में प्रतिष्ठित हो चुके होंगे और 35-40 वर्ष की इनकी अवस्था हो चुकी होगी। अतः इनका जन्म सं. 1535-40 के आसपास मानने में विशेष कठिनाई नहीं है। सन्त-भक्त प्रायः दीर्घायु होते आए हैं। इसीलिए 80 अथवा 100 वर्ष इनकी आयु रही हो तो

असम्भव नहीं। इस प्रकार सं. 1535-40 से सं. 1620-40 के बीच इनका समय ठहराया जा सकता है। सूरसारावली और साहित्य लहरी के अपुष्ट प्रमाणों का आधार लेने की आवश्यकता नहीं प्रतीत होती।

सूरदास आगरा-मथुरा के बीच गऊघाट पर रहते थे। वहीं इनकी भेंट महाप्रभु से हुई। पहले ये एक साधु के रूप में रहा करते थे और अपने शिष्य बनाया करते थे। महाप्रभु के आगे जब इन्होंने एक विनय का पद गाकर सुनाया तो आचार्यपाद ने अनुग्रहपूर्वक इन्हें शिष्य बना लिया। श्रीनाथ जी के मन्दिर निर्माण के बाद इन्हें कीर्तन सेवा का भार मिला। वहीं गोवर्धन के नीचे पारसोली ग्राम में इनका गोलोकवास हुआ। एक अन्य पुस्तक श्री हरिराय कृत भाव प्रकाश वाली 'चौरासी वैष्णवन की वार्ता' के अनुसार ये दिल्ली के समीप मथुरा मार्ग से कुछ हटकर बसे सीही ग्राम में जन्मे और सारस्वत ब्राह्मण थे। तुलसी के सम्बन्ध में जैसे 'सोरोंमत' प्रमाणित नहीं किया जा सका उसी प्रकार 'सीही' मत की स्थिति है। इनके परिवार आदि के विषय में कुछ ज्ञात नहीं। शिक्षा कितनी पाई थी, इसका भी उल्लेख नहीं मिलता। गान विद्या की प्रवीणता स्वतः सिद्ध है।

सूरदास की तीन रचनाएँ बताई गई हैं—सूरसागर, सूरसागरसारावली (या सूर सारावली) और साहित्य लहरी। डॉ. दीनदयाल गुप्त ने सूररचित पच्चीस पुस्तकों का हवाला दिया है जिनमें इन तीन के अतिरिक्त चार अन्य भी प्रकाशित हो चुकी हैं। लेकिन इन तीन से आगे कृतियाँ स्वीकार करने के पक्ष में कोई नहीं दीखता। इनमें भी सूरसारावली और साहित्य लहरी को पं. विश्वनाथ प्रसाद मिश्र संदिग्ध बताते हैं। यह सूरसागर का सार है इसलिए 'सारावली' कही गई। इस रचना की पुष्पिका में इसे 'सवा लाख पदों का सूची-पत्र' कहा गया है। साहित्य लहरी दुष्टकूट पदों का संग्रह है। इसमें कूटशैली में राधा-कृष्ण की लीला का वर्णन है और अलंकार तथा नायिका भेद के कूट पद भी हैं। मिश्र जी ने इसे सर्वथा नवीन भारतेन्दु के समय में सरदार कवि से कुछ पहले या उनके समय की रचना स्वीकार किया है—सम्भवतः सं. 1917। अस्तु। परम्परा से सूर के यही तीन ग्रन्थ माने जाते रहे हैं। सूरसागर

की रचना श्रीमद्भागवत पर आधृत है। इसमें बारह स्कंध हैं। इसके सवा लाख पदों के होने की अनुश्रुति मिलती है। लेकिन स्व. जगन्नाथदास रत्नाकर ने लगभग डेढ़ हजार पद संकलित किए थे। बाद में नागरी प्रचारिणी सभा, काशी के तत्वावधान में अन्य खोजों की सामग्री को मिलाकर लगभग 5000 पदों का संग्रह प्रकाशित कराया गया। इसमें पहले से नवें स्कंध तक केवल 618 पद हैं, अकेले दशम स्कंध में 4310 पद हैं और ग्यारहवें में चार तथा बारहवें में पाँच पद हैं। दशम स्कंध में श्रीकृष्ण चरित वर्णित है। इसमें भी कृष्ण-जन्म से लेकर उनके मथुरा जाने और उद्धव को दूत बनाकर ब्रज भेजने और गोपी विरह तक की ही कथा मुख्य है। कृष्ण-चरित की बाल और किशोर लीला का गायन ही मिलता है। महाभारत के कृष्ण का चरित केवल प्रथम स्कंध में पच्चीस-तीस पृष्ठ पर्यन्त मिलता है।

सूरदास भक्त हैं। ये कितनी उच्चकोटि के भक्त हैं इसका प्रमाण यही है कि गोसाईं बिट्ठलदास ने इन्हें 'अष्टछाप' भक्तों में मूर्धन्य स्थान पर रखा था। महाप्रभु वल्लभाचार्य प्रतिपादित शुद्धाद्वैत दर्शन में भक्ति का मेरुदण्ड 'पुष्टि' बताई गई है। भक्त पर भगवान का अनुग्रह ही पुष्टि है—पोषणं तदनुग्रहः। साधन और साध्य रूपा द्विधा भक्ति से पोषण भाव स्पष्ट होता है। साधन भक्ति में भक्त प्रयत्न करता है जबकि साध्य रूपा भक्ति में भक्त अपने समस्त गुण-धर्म विसर्जित करके स्वयं को भगवत् शरण में छोड़ देता है। इस 'पुष्टि मार्ग' का ग्रहण कर लेने पर भक्त की चिन्ता स्वयं भगवान करते हैं। भक्त को तो अनुग्रह का ही अवलम्ब रहता है। इसी से 'सामीप्य मुक्ति' का मार्ग प्रशस्त होता है। सूरदास वल्लभ सम्प्रदाय में विधिवत् दीक्षित महात्मा थे। जिस प्रकार तुलसी सम्प्रदाय विशेष की मान्यता और दर्शन से मुक्त रहे वैसा सूर ने नहीं किया। इस अर्थ में सूर काव्य में सम्प्रदायगत आग्रह अधिक मिलता है।

वल्लभ सम्प्रदाय में कृष्ण-भक्ति की व्यवस्था है। श्रीमद्भागवत में वर्णित कृष्णचरित के अनुरूप ही सूर ने लीला गान किया। इस पर कुछ लोगों ने अपने अज्ञानवश सूरसागर को भागवत पुराण का अनुवाद समझने की भूल की है। सूरसागर में वर्णित कृष्ण लीला नितान्त स्वतन्त्र विधान में नियोजित है। सूर

ने केवल बाल और किशोर लीला का गान किया है। आचार्य शुक्ल ने इस प्रवृत्ति को 'लोकरंजन' कहा है। द्वारकाधीश कृष्ण जो लोकव्यवस्था के रक्षार्थ अर्पित हैं, सूरसागर में अनुपस्थित हैं। सूर ने तो कृष्ण की वात्सल्य और प्रेममयी मूर्ति को आलम्बन बनाकर माधुर्य और सौन्दर्य की अजस्र धारा बहाई है जिसमें अवगाहन कर मानव मात्र धन्य हो उठा। एक ही भाव, स्थिति, परिवेश का चित्रण करने में सूर ने पदों की झड़ी-सी लगा दी है। इतने प्रौढ़ और रस-स्निग्ध पदों को देखकर ही शुक्ल जी ने अनुमान किया है कि सूर से पहले कृष्ण लीला की गीत परम्परा अवश्य रही होगी। जयदेव और विद्यापति की पदावली की पूर्व उपस्थिति इसका प्रमाण है। लेकिन ब्रजभाषा में भी यह गीत परम्परा रही होगी भले हीं इसका स्वरूप मौखिक (लोक काव्य वाला) रहा हो।

सूर वात्सल्य और शृंगार के कवि हैं। इन दो भावों के अनन्त समुद्र में सूर की पैठ इतनी गहरी है कि अन्य कवियों की 'उक्तियाँ' सूर की जुठी-सी जान पड़ती हैं। यद्यपि सूर ने लोक संग्रह की चिन्ता नहीं की फिर भी उनकी प्रतिभा सदैव बाह्यार्थ निरूपिणी रही है। कृष्ण चरित्र लोक में प्रतिष्ठित है। मुक्तक विशेषकर प्रगीत मुक्तक के लिए आत्मनिष्ठता के जिस गुण को अनिवार्य माना गया है, सूर की रचना उससे भली-भाँति मुक्त है। इस वस्तुपरकता के कारण यह सर्वजन संवेद्य और सार्वभौमिक है।

शृंगार और वात्सल्य की 'जिस परिमित पुण्य-भूमि में उनकी वाणी ने संचरण किया उसका कोई कोना अछूता न छूटा।' 'इन दोनों क्षेत्रों में तो इस महाकवि ने मानो औरों के लिए कुछ छोड़ा ही नहीं।' इन उक्तियों के क्रम में आचार्य शुक्ल ने तुलसी की गीतावली के बालवर्णन पर भी सूर का प्रभाव स्वीकार किया है। बाल चेष्टाओं में क्रीड़ा, विनोद, स्पर्धा, क्षोभ, हठ जैसे अनन्त भावों और दशाओं के चित्रों से समृद्ध सूर की रचना अपना 'सागर' नाम चरितार्थ करती है :

—घुटरुन चलत, रेनु तन मंडित, मुख दधि लेप किए।
—अरबराय करि पानि गहावत, डगमगाय धरै पैयाँ।
—सूरदास को ठाकुर ठाढ़ो हाथ लकुटि लिए छोटी।

—मैं बारो बहिंयन को छोटो छींको केहि बिधि पायों।
—यह ले अपनी लकुटि कमरिया बहुतक नाच नचायौ।
—कितिक बार मोहिं दूध पियत भई, यह अजहूँ है छोटी।
—बारक वह मुख फेरि देखावहु दुहि पय पियत पतूखी।

इसी प्रकार शृंगारी चेष्टाओं को भी देखा जा सकता है :

—धेनु दुहत अति ही रति बाढ़ी।
एक धार दोहनि पहुँचावत एक धार जहँ प्यारी ठाढ़ी॥
—आपुन पौढ़ि अधर सज्जा पर कर पल्लव सों पद पलुटावति।
भृकुटी कुटिल कोप नासा पुट हम पर क्रोध करावति।
—मधुवन तुम कत रहत हरे।
बिरह वियोग स्याम सुन्दर के ठाढ़े क्यों न जरे।

सूर का सौन्दर्यबोध अद्वितीय है। प्रेमासक्त हृदय की सहज अनुभूतियों की स्वाभाविक व्यंजना सूर के काव्य में हुई है। इनका वियोग वर्णन किंचित् रूढ़ और परम्परागत है लेकिन 'भ्रमर गीत' प्रसंग में आभ्यन्तर पक्ष का विलक्षण उद्घाटन हुआ है। 'भ्रमरगीत' की परम्परा भागवत से चलकर प्रायः सभी कृष्ण-भक्त कवियों में मिलती है। लेकिन सूर का 'भ्रमरगीत' इस माला का सुमेरु है। निर्गुण-सगुण विवाद के दार्शनिक महत्त्व से परे भावुकता-सौकुमार्य और वचनवक्रता के योग का ऐसा उदाहरण मिलना दुर्लभ है। लक्षणा-व्यंजना का अद्‌भुत चमत्कार सूर ने उत्पन्न किया है।

चित्रात्मकता और बिम्ब योजना सूर की रचना का अंगभूत तत्त्व है। सूरसागर रूप-रस-गन्ध-शब्द-स्पर्श बिम्बों का खजाना है। इसमें स्थिर और गतिमान दोनों प्रकार के बिम्ब हैं। संगीत सूर की भाषा का प्रमुख विधायक तत्त्व है। भाषा में लय और प्रवाह की अनोखी गति मिलती है। इसके लिए सूर ने लोक भाषा का मुहावरा उठाया है। ब्रज भाषा को एक साथ लोक और शास्त्र का संस्कार देकर इन्होंने काव्यसिंहासनारूढ़ किया। सूर की भाषा में वैभाषिक तत्त्वों की उपस्थिति का संकेत भी किया गया है जिससे उसकी सामर्थ्य में वृद्धि हुई है।

इतना सब होते हुए भी सूर कठिन कवि हैं। लेकिन उस अर्थ में नहीं जैसे केशवदास हैं। सूर के दृष्टकूटों को समझने के लिए काव्य-परम्परा, शास्त्र-परम्परा, लोक-परम्परा, दर्शन-व्याकरण-ज्योतिष, आयुर्वेद-राजनीति सभी का ज्ञान तो आवश्यक है ही, इनकी वात्सल्य और शृंगारी रचना को भी काव्य परम्परा का सम्यक् बोध हुए बिना पूरी तरह नहीं समझा जा सकता।

सूर वास्तव में काव्याकाश के 'सूर' हैं। इनकी कविता-कालिंदी में रसमग्न होकर सामान्य जन तो प्रेम की थाह पाता ही आया है, आगे के कवि जन भी इनके ऋणी बनते आए हैं।

बाल-वर्णन

चरन गहे अँगुठा मुख मेलत।
नन्द-घरनि गावति, हलरावति, पलना पर हरि खेलत।
जे चरनारबिंद श्री-भूषन, उर तैं नैंकु न टारति।
देखौं धौं का रस चरननि मैं, मुख मेलत करि आरति।
जा चरनारबिंद के रस कौं सुर-मुनि करत विषाद।
सो रस है मोहूँ कौं दुरलभ, तातैं लेत सवाद।
उछरत सिंधु, धराधर काँपत, कमठ पीठ अकुलाइ।
सेष सहसफन डोलन लागे, हरि पीवत जब पाइ।
बढ़्यौ बृच्छ बट सुर अकुलाने, गगन भयौ उतपात।
महाप्रलय के मेघ उठे करि जहाँ-तहाँ आघात।
करुना करी, छाँड़ि पग दीन्हौं, जानि सुरनि मन संस।
सूरदास प्रभु असुर-निकंदन, दुष्टनि कैं उर गंस॥1॥

जसुदा मदन गुपाल सोवावै।
देखि सयन-गति त्रिभुवन कंपै, ईस बिरंचि भ्रमावै।
असित-अरुन-सित आलस लोचन उभय पलक परि आवै।
जनु रवि गत संकुचित कमल जुग, निसि अलि उड़न न पावै।
स्वास उदर उससित यौं, मानौ दुग्ध-सिंधु छबि पावै।
नाभि-सरोज प्रगट पदमासन उतरि नाल पछितावै।
कर सिर-तर करि स्याम मनोहर, अलक अधिक सोभावै।
सूरदास मानौ पन्नगपति, प्रभु ऊपर फन छावै॥2॥

अजिर प्रभातहिं स्याम को, पलिका पौढ़ाए।
आप चली गृह-काज कौं, तहँ नन्द बुलाए।
निरखि हरषि मुख चूमि कै, मन्दिर पग धारी।
आतुर नँद आए तहाँ जहँ ब्रह्म मुरारी।

हँसे तात मुख हेरि कै, करि पग-चतुराई।
किलकि झटकि उलटे परे, देवन-मुनि-राई।
सो छबि नंद निहारि कै, तहँ महरि बुलाई।
निरखि चरित गोपाल के, सूरज बलि जाई॥3॥

हरषे नन्द टेरत महरि।
आइ सुत-मुख देखि आतुर, डारि दै दधि-डहरि।
मथति दधि जसुमति, मथानी धुनि रही घर-घहरि।
स्रवन सुनति न महर-बातें, जहँ-तहँ गइ चहरि।
यह सुनत तब मातु धाई, गिरे जाने झहरि।
हँसत नँद-मुख देखि धीरज तब कर्‌यौ ज्यौं ठहरि।
स्याम उलटे परे देखे, बढ़ी सोभा लहरि।
सूर प्रभु कर सेज टेकत, कबहुँ टेकत ढहरि॥4॥

महरि मुदित उलटाइ कै मुख चूमन लागी।
चिरजीवौ मेरौ लाड़िलौ, मैं भई सभागी।
एक पाख त्रय-मास कौ मेरौ मेरौ भयौ कन्हाई।
पटकि राल उलटौ पर्‌यौ, मैं करौं बधाई।
नंद घरनि आनँद भरी, बोलीं ब्रजनारी।
यह सुख सुनि आईं सबै, सूरज बलिहारी॥5॥

जो सुख ब्रज मैं एक घरी।
सो सुख तीनि लोक मैं नाहीं धनि यह घोष-पुरी।
अष्टसिद्धि नवनिधि कर जोरे, द्वारैं रहति खरी।
सिव-सनकादि-सुकादि अगोचर, ते अवतरे हरी।
धन्य-धन्य बड़भागिनि जसुमति, निगमनि सही परी।
ऐसैं सूरदास के प्रभु कौं, लीन्हों अंक भरी॥6॥

यह सुख सुनि हरषीं ब्रजनारी। देखन कौं धाईं बनवारी।
कोउ जुवती आई, कोउ आवति। कोउ उठि चलति,
सुनत सुख पावति।
घर-घर होति अनन्द-बधाई। सूरदास प्रभु की बलि जाई॥7॥

जननी देखि छबि, बलि जाति।
जैसैं निधनी धनहिं पाऐं, हरष दिन अरु राति।
बाल-लीला निरखि हरिषित, धन्य धनि ब्रजनारि।
निरखि जननी-बदन किलकत, त्रिदस-पति दै तारि।
धन्य नँद, धनि धन्य गोपी, धन्य ब्रज कौ बास।
धन्य धरनी-करन-पावन-जन्म सूरजदास॥8॥

जसुमति भाग-सुहागिनी, हरि कौं सुत जानै।
मुख-मुख जोरि बत्यावई, सिसुताई ठानै।
मो निधनी कौ धन रहै, किलकत मन मोहन
बलिहारी छवि पर भई, ऐसी विधि जोहन।
लटकति बेसरि जननि की, इकटक चख लावै।
फरकत बदन उठाइ कै, मनहीं मन भावै।
महरि मुदित हित उर भरै, यह कहि, मैं वारी।
नंद-सुवन के चरित पर, सूरज बलिहारी॥9॥

गोद लिए हरि कौं नँदरानी, अस्तन पान करावति है।
बार-बार रोहनि कौं कहि-कहि पलिका अजिर मँगावति है।
प्रात समय रबि-किरनि कोंवरी, सो कहि सुतहि बतावति है।
आउ धाम मेरे लाल कें आँगन, बाल-केलि कौं गावति है।
रुचिर सेज लै गइ मोहन कौं, भुजा उछंग सोवावति है।
सूरदास प्रभु सोए कन्हैया, हलरावति-मल्हरावति है॥10॥

नंद-घरनि आनँद भरी, सुत स्याम खिलावै।
कबहिं घुटुरुवनि चलहिंगे, कहि विधिहिं मनावै।
कबहिं दँतुलि द्वै दूध की, देखौं इन नैननि।
कबहिं कमल-मुख बोलिहैं, सुनिहौं उन बैननि।
चूमति कर-पग-अधर-भ्रू लटकति लट चूमति।
कहा बरनि सूरज कहै, कहँ पावै सो मति॥11॥

नान्हरिया गोपाल लाल, तू बेगि बड़ौ किन होहिं।
इहिं मुख मधुर बचन हँसिकै धौं, जननि कहै कब मोहिं।
यह लालसा अधिक मेरे जिय जो जगदीस कराहिं।
मो देखत कान्हर इहि आँगन, पग द्वै धरनि धराहिं।
खेलहिं हलधर संग रंग-रुचि, नैन निरखि सुख पाऊँ।
छिन-छिन छुधित जानि पय कारन, हँसि-हँसि निकट बुलाऊँ।
जाकौ सिव-बिरंचि-सनकादिक मुनिजन ध्यान न पाव।
सूरदास जसुमति ता सुत-हित, मन अभिलाष बढ़ाव॥12॥

मुरली वचन गोपियों के प्रति

ग्वालिनि तुम कत उरहन देहु?
पूछहु जाइ स्याम सुन्दर कौ, जिहिं दुख जुर्‌यो सनेहु॥
जन्मत ही तैं भई बिरत चित, तज्यौ गाउँ, गुन गेहु।
एकहि पाउँ रही हौं ठाढ़ी, हिम-ग्रीषम-ऋतु मेहु॥
तज्यौ मूल साखा-सुपत्र सब, सोच सुखानी देहु।
अगिनि सुलाकत मुर्‌यौ न तन मन, विकट बनावत बेहु॥
वकतीं कहा बाँसुरी कहि-कहि, करि-करि तामस तेहु।
सूर स्याम इहिं भाँति रिझै, किनि, तुमहुँ अधर रस लेहु॥1॥

ग्वारिनि मोहीं पर सतरानी।
जौ कुलीन अकुलीन भई हम, तुम तौ बड़ी सयानी॥
नाना रूप बखान करति हौ, काहैं बृथा रिसानी।
तुमहिं कहौ कह दोष हमारौ? खोटी क्यौं पहिचानी?
जो स्रम मैं अपनैं तन कीन्हौ, सो सब कहौं बखानी।
सूरदास-प्रभु बन-भीतर तै, तब अपनैं घर आनी॥2॥

जब सुनिहौ करतूति हमारी।
तब मन-मन तुमहीं पछितैहौ, बृथा दई हम याकों गारी॥
तुम तप कियौ सुन्यौं मैं सोऊ, रिस पावहुगी और कहा री।
मो समान तप तुम नहिं कीन्हौ, सुनहु करौ जनि सोर बृथा री॥
मैं कह कहौं, सुनौगी तुमहीं, जगत-विदित यह बात हमारी।
सूर स्याम आपुन ही कहिये सुनत कहा मुसुकात मुरारी॥3॥

मो पर ग्वालि कहा रिसाति।
कहा गारी देति मोकौं कहा उघटति जाति॥
जौ बड़ी तुम आपुही कौ, तुमहि होहु कुलीन।
मैं बँसुरिया बाँस की जौ, तौ भई अकुलीन॥
पीर मेरी कौन जानै, छाँड़ि इक करतार।
सूर-प्रभु सँग देखि काहें, खिझति बारंबार॥4॥

मैं अपनै बल रहति स्याम संग, तुम काहैं दुख पावति री।
मो पर रिस पावति हौ पुनि पुनि, कछु, काहुँहिं बतरावति री॥
तुमहुँ करौ सुख, मैं बरजति हौं, ऐसेहि सोर लगावति री।
कहा करौं मोहिं स्याम निवाजी, काहे न दूरी करावति री॥
बृथा वैर तुम करति निसादिव, आछौ जनम गँवावति री।
सूर सुनहु ब्रजनारि सयानी, मूरख है, समुझावति री॥5॥

सुनौ इक बात हो ब्रजनारि।
रिस कियैं पावति कहा हो, कहा दीन्है गारि॥
जाति उघटति, पाँति उघटति, लेति हौं सब मानि।
तुम कहति, मैं हूँ कहति सोइ, मोहि बन तैं आनि॥
कर्म कौ यह बहुत नाहीं, स्याम अधरनि धारि।
सूर-प्रभु जौ कृपा कीन्ही, कहा रही बिचारी॥6॥

रिझै लेहु तुमहूँ किन स्यामहिं।
काहे कौं वकवाद बढ़ावति, सतर होहिं बिनु कामहिं॥
मैं अपने तप कौ फल भोगवति, तुमहूँ करि फल लीजौ।
तब धौं बीच बोलिहै कोऊ, ताहि दूरि धरि कीजौ॥
अपनौ भाग नहीं काहू सों, आपु आपनैं पास।
जो कछु कहौ सूर के प्रभु कौं, मो पर होति उदास॥7॥

मेरे दुख कौ ओर नहीं।
षट रितु सीत उष्न बरषा मैं ठाढ़े पाइ रही॥
कसकी नहीं नैकहूँ काटत, घामैं राखी डारि।
अगिनि-सुलाक देत नहिं मुरकी, बेह बनावत जारि॥
तुम जानति मोहि बाँस बँसुरिया, अगिनि छाप दै आई।
सूर स्याम ऐसें तुम लेहु न, खिझति कहा हौ माई॥8॥

स्रम करिहौ जब मेरी सी।
तब तुम अधर-सुधा-रस बिलसहु मैं ह्वै रहिहौं चेरी सी॥
बिना कष्ट यह फल न पाइहौ, जानति हौ अवडेरी सी।
षट रितु सीत तपनि तन गारौ, बाँस बँसुरिया केरी सी॥
कहा मौन ह्वै ह्वै जु रही हौ, कहा करति अवसेरी सी।
सुनहु सूर मैं न्यारी ह्वैहौं, जब देखौं तुम मेरी सी॥9॥

उद्धव प्रत्यागमन

ऊधौ जब ब्रज पहुँचे जाइ।
तबकी कथा कृपा करि कहियै, हम सुनिहैं मन लाइ॥
बाबा नंद, जसोदा मैया मिले कौन हित आइ।
कबहूँ सुरति करत माखन की, किधौं रहे बिसराइ॥
गोप सखा दधि भात खात बन, अरु चाखते चखाइ।
गऊ बच्छ मुरली सुनि उमड़त, अब जु रहत किहिं भाइ॥
गोपिन गृह व्यवहार बिसारे, मुख सन्मुख सुख पाइ।
पलक ओट निमि पर अनखातीं, यह दुख कहाँ समाइ॥
एक सखी उनमैं जो राधा, लेति मनहिं जु चुराइ।
सूर स्याम यह बार बार कहि, मनहीं मन पछिताइ॥1॥

ब्रज के निकट जाइ फिरि आयौ।
गोपी नैन नीर सरिता तैं, पार न पहुँचन पायौ॥
तुम्हरी सीख सु नाव बैठि कै, चाहत पार गयौ।
ग्यान ध्यान ब्रत नेम जोग कौ, संग परिवार लयौ॥
इहि तट तैं चलि जात नैकु उत, बिरह पवन झकझोरै।
सुरति बृच्छ सो मारि बाहुबल, टूक टूक करि तोरै॥
हौं हूँ बड़ि चल्यौ वा गहिरैं, केतिक बुड़की खाईं।
ना जानौं वह जोग बापुरौ, कहँ धौं गयौ गुसाँई॥
जानत हुतौ थाह वा जल कौ, औ तरिबे कौ धीर।
सूर कथा जु कहाँ कहौं उनको, पर्‌यौ प्रेम की भीर॥2॥

जब मैं इहाँ तैं जु गयौ।
तब ब्रजराज सकल गोपी जन, आगैं होइ लयौ॥
उतरे जाइ नंद बाबा के, सबहीं सोध लह्यौ।

मेरी सौं मोसौं साँची कहि, मैया कहा कह्यौ?
बारंबार कुसल पूँछी मोहिं लै लै तुम्हरौ नाम।
ज्यौं जल तृषा बढ़ी चातक चित, कृष्न कृष्न बलराम॥
सुंदर परम विचित्र मनोहर, यह मुरली दै घाली।
लइ उठाइ सुख मानि सूर प्रभु; प्रीति आनि उर साली॥3॥

सुनियौ ब्रज की दसा गुसाईं।
रथ की धुजा पीत पट भूषन देखत ही उठि धाई॥
जो तुम कही जोग की बातैं, सो हम सबै बताई।
श्रवन मूँदि गुन कर्म तुम्हारे, प्रेम मगन मन गाई॥
औरौ कछू सँदेस सखी इक, कहत दूरि लौं आई।
हुतौ कछू हमहूँ सौं नातौ निपट कहा बिसराई॥
सूरदास प्रभु बन बिनोद करि, जे तुम गाइ चराई।
ते गाई अब ग्वाल न घेरत, मानौ भई पराई॥4॥

ब्रज के बिरही लोग दुखारे।
बिन गोपाल ठगे से ठाढ़े, अति दुर्बल तन कारे॥
नंद जसोदा मारग जोवति, निसिदिन साँझ सकारे।
चहुँ-दिसि कान्ह-कान्ह कहि टेरत, अँसुवन बहत पनारे॥
गोपी, ग्वाल, गाइ, गो सुत सब, अतिहीं दीन बिचारे।
सूरदास प्रभु बिनु यौं देखियत, चंद बिना ज्यौं तारे॥5॥

हरि जू, सुनहु बचन सुजान।
बिरह व्याकुल छीन तन मन, हीन लोचन कान॥
यहै है संदेस ब्रज कौ नाथ सुनहु निदान।
मैं सबै ब्रज दीन देख्यौ, तन बिना ज्यौं प्रान॥
तुम बिना सोभा नहीं प्रभु, ज्यौं दिवस बिनु भान।
आस साँस उसास घट मैं, अवधि आसा मान॥
जगत जीवन, जगत-पालक, जगत-नाथ, कृपाल।
करि जतन कछु सूर के प्रभु, ज्यौं जियैं ब्रज बाल॥6॥

बिनती एक सुनौ श्री स्याम।
चलन न देतिं, चल्यौ नहिं भावत, चलत कह्यौ आवन षट याम॥
तुम सर्वज्ञ सकल घट व्यापक, जीवन-पद, जन के बिस्राम।
संतत रहत कहत ढीठौ दै, स्याम सदा सेवक सुख धाम॥
वह रस-रीति प्रीति गोपिन की लिए रहतिं लीला, गुन, नाम।
सूरदास प्रभु सब सुखदाता, तेऊ तौ नियरे नँद ग्राम॥7॥

सुनहु स्याम वै सब ब्रज बनिता, बिरह तुम्हारैं भईं बावरी।
नाहीं बात और कहि आवति, छाँड़ि जहाँ लगि कथा रावरी॥
कबहुँ कहतिं हरि माखन खायौ, कौन बसै या कठिन गाँव री।
कबहुँ कहतिं हरि ऊखल बाँधे, घर-घर ते लै चलौ दाँवरी॥
कबहुँ कहतिं ब्रजनाथ बन गए, जोवत मग भई दृष्टि झाँवरी।
कबहुँ कहतिं वा मुरली महियाँ, लै लै बोलत हमरौ नावँ री॥
कबहुँ कहतिं ब्रजनाथ साथ तैं, चन्द उयौ है इहै ठाँव री।
सूरदास प्रभु तुम्हरे दरस बिनु, अब वह मूरति भईं साँवरी॥8॥

हरि जू आए सो भली कीन्ही।
मो देखत कहि उठी राधिका, अंक तिमिर कौं दीन्ही॥
तन अति कंप बिरह अति व्याकुल, उर धुकधुकि अति कीन्ही।
चलत चरन गहि रही गई गिरि, स्वेद सलिल भइ भीनी॥
छुटी न भुज, टूटी बलयावलि, फटी कंचुकी झीनी।
मनौ प्रेम की परनि परेवा, याही तै पढ़ि लीनी॥
अवलोकत इहिं भाँति रमापति मानौ अहिम मनि छीनी।
सूरदास प्रभु कहौं कहाँ लौं, भई अयान मतिहीनी॥9॥

तुम्हारी भावती कह्यौ।
यह कहियौ नँद नंदन आगैं अति दुख दुसह सह्यौ॥
लेति उसाँस सोच निसि दिन के, नैकु न रूप रह्यौ।
बिगलित केस बदन छवि ऐसी, जनु ससि राहु गह्यौ॥

माखन काढ़ि कूबरी लीन्हौ, ब्रज मैं रह्यौ मह्यौ।
सूर स्याम रति जाम प्रेम पय, बहुरौ जम्यौ कह्यौ॥10॥

सुनहु स्याम यह बात और कोउ क्यौं समुझाइ कहै।
दुहुँ दिसि कौ अति बिरह बिरहिनी, कैसें कै जु सहै॥
जब राधा तबहीं मुख माधौ-माधौ रटत रहै।
जब माधौ ह्वै जात सकल तन, राधा बिरह दहै॥
उभै अग्र दल दारु कीट ज्यौं, सीतलताहिं चहै।
सूरदास अति विकल बिरहिनी कैसेहुँ सुख न लहै॥11॥

चित दै सुनौ स्याम प्रवीन।
हरि तुम्हारैं बिरह राधा, मैं जु देखी छीन॥
तज्यौ तेल तमोल भूषन, अंग बसन मलीन।
कंकना कर रहत नाहीं, टाड़ भुज गहि लीन॥
जब सँदेसौ कहन सुंदरि, गवन मो तन कीन।
छुटी छुद्रावलि चरन अरुझी गिरी बल हीन॥
कंठ बचन न बोलि आवै, हृदय परिहस भीन।
नैन जल भरि रोइ दीनौ, ग्रसित आपद दीन॥
उठी बहुरि सँभारि भट ज्यौं, परम साहस कीन।
सूर हरि के दरस कारन, रही आसा लीन॥12॥

फिर ब्रज बसौ नंदकुमार।
हरि तिहारे बिरह राधा, भई तन जरि छार॥
बिनु अभूषन मैं जु देखी, परी है बिकरार।
एकई रट रटत भामिनि, पीव पीव पुकार॥
सजल लोचन चुअत उनके, बहति जमुना धार।
बिरह अगिनि प्रचंड उनकैं, जरे हाथ लुहार॥
दूसरी गति और नाहीं, रटति बारंबार।
सूर प्रभु कौ नाम उनकैं, लकुट अंध अधार॥13॥

टिप्पणी

बाल वर्णन

(1) हलरावति = हिलाती है; श्री भूषण = लक्ष्मी के लिए आभूषण हैं; करि आरति = कष्ट उठाकर, आ+रति–प्रेम से, उल्लास से–यह अर्थ भी हो सकता है; जा चरनारबिंद के...ताते लेत सवाद = (यशोदा सोचती हैं कि) जिन चरण कमलों का रस प्राप्त न कर पाने पर सुर-मुनि दुःखी होते हैं; (शायद यह जानकर कि) वह रस मुझे (कृष्ण को) भी दुर्लभ है, वे उसका स्वाद लेते हैं; उछरत सिंधु धराधर...जहाँ तहाँ आघात = समुद्र में तरंगें उठती हैं, पर्वत काँपते हैं, कच्छप की पीठ अकुलाती है, शेष के सहस्त्र फण डोलने लगे, वट वृक्ष बढ़ गया, देवगण अकुला गए, आकाश में उत्पात हुआ, महाप्रलय के मेघ उमड़े और जहाँ-तहाँ आघात करने लगे। भागवत में यह प्रसंग आता है कि बालमुकुन्द रूप कृष्ण के अँगूठा चूसते ही प्रलय दृश्य उपस्थित हुआ। कृष्ण प्रलय के समुद्र की तरंगों पर वटपत्र पर लेटे मयूरपक्ष-मुरली धारण किए अँगूठा चूसते रहे। अकेले वट वृक्ष ही जल के साथ-साथ बढ़ता रहा, शेष सभी डूब गया। भक्ति में अद्‌भुत का समावेश सर्वत्र इसलिए मिलता है कि इससे अवतार का परब्रह्मत्व सिद्ध होता है अन्यथा वह वात्सल्य का लौकिक आलम्बन (बालकृष्ण) ही रह जाता है।

(2) सयनगति=सोने का ढंग, असित-अरुन-सित-आलस लोचन=श्वेत, लाल और श्याम वर्ण की नींद से भरी आँखें; परि आवै = (दोनों पलकें) झुकी जाती हैं; नाभि सरोज...नाल पछितावै = श्वास लेने पर कृष्ण का उदर इस प्रकार दोलायमान होता है मानो क्षीर समुद्र शोभायमान हो रहा है। इस समय उनके नाभिकमल पर ब्रह्मा आसीन नहीं हैं। वे जैसे उतर गए हैं। उतर जाने के कारण पछता रहे हैं कि इस समय यदि नाभिकमल पर बैठे होते तो कृष्ण के उदर की शोभा के दर्शन कर सुखी होते। पन्नगपति = शेषनाग।

(3) पलिका = पलँग पर–छोटे बच्चे के सन्दर्भ में खटोला, तात = पिता, करि पग चतुराई = पैरों की चतुराई करके–इधर-इधर पाँव फेंककर–किलककर

झटके से उलटे हो गए; सूरज—सूरदास के नाम की एक छाप जो अनेक पदों में प्रयुक्त है; देवन मुनिराई = देव और मुनियों के स्वामी (राजा)।

(4) महरि = पत्नी—यशोदा; दधि डहरि = दही बिलोने की हाँडी (सं. भाण्ड > डह+रि); गइ चहरि=(नंद की आवाज) फैल गई; ढहरि = ढुलकते हुए—लुढ़कते हुए पलटा खाकर।

(5) उलटाइ कै = उलटकर—उलटे पड़े बालक को सीधा करके, पटकि राल उलटौ पर्यौ = राल गिराकर (पटकि) उलटे (पेट के बल) पड़े हैं।

(6) घोष पुरी = अहीरों की बस्ती, ब्रज, निगमन सही परी = वेदों की साक्षी है।

(7) धाईं = दौड़ीं।

(8) त्रिदस पति दै तारि = तीस (तीस कोटि देवताओं) के स्वामी—कृष्ण ताली बजा कर (त्रि+दस+पति)। धरनी करन पावन जन्म = पृथ्वी को पावन करने वाला जन्म—कृष्ण जन्म।

(9) भाग सुहागनी = सौभाग्यशालिनी; मुख मुख जोरि = मुख से मुख जोड़कर; बत्यावई = बातें करती है; सिसुताई ठानै = लड़कपन करती है, ऐसी विधि जोहन = कृष्ण के देखने की रीति ऐसी (सुन्दर) है; बदन = मुख; हित = प्रेम; नंदसुवन = नंद के पुत्र।

(10) अस्तन पान = स्तनों से दूध पिलाती है; रोहनि = रोहिणी—बलराम की माता; अजिर = आँगन; रवि-किरनि कोंवरी = प्रातःकालीन रवि किरणें (कोंवरी—सुकुमार—कोमल > कोंवर); भुजाउछंग = बाँह की गोद बनाकर—(उत्संग); हलरावति मल्हरावति है = हिलाती दुलराती है और लोरी आदि गाती है (मल्हराना = गाना)।

(11) नंद घरनि = नंद की गृहिणी—पत्नी; घुटुरुवनि = घुटनों के बल; दँतुलि = दाँत—स्नेहार्थक; सोमति = ऐसी बुद्धि।

(12) नान्हरिया = छोटे, नन्हें—स्नेहार्थक; किन = क्यों नहीं; धौं = भला; कराहिं = करें—पूरी करें; पय कारन = दूध पिलाने के लिए।

मुरली-वचन गोपियों के प्रति

(1) उरहन = उपालम्भ, उलाहना; जिहिं दुख जुर्‌यौ सनेहु = जिनसे कठिनाई से प्रेम जुड़ा है (जुड़ा सका है); विरत चित्त = विरक्त चित्त, उदासीन; मेहु = मेघ, वर्षा; अगिनि सुलाकत... बनावत बेहु = अग्नि से सूराखते (सुलाकत < फा. सूराख से नामधातु) विकट (कठिन कष्टप्रद) छिद्र (बेहु) बनाते समय मेरा तन-मन मुड़ा नहीं (मैं हटी नहीं)—बाँसुरी बनाने में बाँस चिटक न जाय इसलिए लोहे की गर्म छड़ से बाँस जलाकर छेद बनाए जाते हैं—सुलाकना। बकतौं कहा—क्या बकती हो; करि करि तामस तेहु = क्रोध करके।

(2) मोही पर सतरानी = मुझी पर ऐंठ गई, नाराज हो गई—भाव यह कि कृष्ण पर तो वश चलता नहीं तो मुझी पर नाराज हो गईं। कुलीन = ऊँची जाति की; अकुलीन = निम्न जाति की; कह = क्या; खोटी क्यौं पहिचानी = (मुझ) खोटी को, (कृष्ण ने) क्यों पहचाना? जो स्रम = जो श्रम—जो कष्ट मैंने कृष्ण का प्रेम पाने के लिए उठाया है; बन भीतरतैं = जंगल से।

(3) करतूति = कठिन कार्य (< सं. कर्तृत्व); तुम तप कियौ...और कहारी = तुमने तप किया (कृष्ण को पाने के लिए पति-पुत्र लोक-लज्जा आदि को छोड़ा है) वह भी मैंने सुना है लेकिन मेरी तपस्या की कथा सुनकर तुम्हें क्रोध ही आएगा और क्या आएगा? भाव यह कि तुमने जो तप किया है वह इसी कोटि का है कि दूसरे का तप देखकर ईर्ष्या से जलने लगो। सोर = शोर, चीख-पुकार; कह = क्या; कहिए = कहा जाए; सूर स्याम आपुन ही कहिए सुनत कहा मुसकात मुरारी = मुरली कहती है कि गोपिकाओं तुम्हीं कहो कि तुम्हारी ओछी बातें सुनकर भला कृष्ण क्यों मुस्कराते हैं?

(4) कहा = क्या; रिसाति = क्रुद्ध होती है; उघटित जाति = मेरी जाति की निन्दा करती है; प्रभु सँग देखि = मुझे कृष्ण के समीप देखकर।

(5) मोपर रिस...बतरावति री = मुझ पर (स्वयं को) बार-बार क्रोध (करते हुए) पाती हो। (लेकिन) तुम किसी को (दूसरों को) कुछ (और और—दूसरी बातें) बताया करती हो—मुझ पर तो बार-बार क्रोध करती हो लेकिन दूसरों के

आगे अपना क्रोध छिपा जाती हो। मैं बरजति हौं = (भला) मैं रोकती हूँ; सोर लगावति री = शोर करती हो, हाय-हाय करती हो; निवाजी = कृपा की है; आछौ = अच्छा, श्रेष्ठ; मुरख है समुझावति री = (मैं) मूर्ख होकर भी (तुम्हें) समझाती हूँ।

(6) गारि = गाली; जाति-पाँति = जाति और कुल; लेति हौं सब मानि = मैं सब मान लेती हूँ; आनी = लाई; कर्म कौ यह बहुत नाहीं = मेरे कर्म को देखते हुए यह बहुत नहीं है—मैंने जिस प्रकार कष्ट सहे हैं उन्हें देखते यदि कृष्ण ने मुझे अधरों पर रख लिया है तो यह काफ़ी नहीं है।

(7) सतर होहिं बिनु कामहिं = बिना काम के (निष्प्रयोजन) मुझ पर क्रुद्ध क्यों होती हो अथवा क्यों ऐंठती हो; भोगवति = भोगती हूँ; करि = मेरे जैसे कर्म करके; तब धौं = (< सं. तावद्धि) तब तक; अपनो भाग्य...आपनैं पास = अपना भाग्य किसी से (बँधा) नहीं है; अपने ही पास है—अपने हाथ में है; मो परि होति उदास = मुझसे (क्यों) दुखी होती हो।

(8) दुख को ओर=दुःख की सीमा; कसकी नहीं नैकहूँ काटत=काटे जाने पर तनिक भी कसमसाई—हिली—नहीं; घामैं=धूप में; अगिनि सुलाक देत=अग्नि से सूराख करते समय; मुरकी=हटी, हिली; अगिनि छाप दै आई=मैं अपने पर अग्नि की छाप देकर आई हूँ—अग्नि में तपकर खरी प्रमाणित होकर आई हूँ; माई=सखी।

(9) मेरी सी=मेरे समान; बिलसहू=विलास करो; चेरी सी=गुलाम जैसी—मुरली गोपिकाओं को चुनौती देती है; अवडेरी सी=दुखियारी के समान—मुझे दुखियारी समझती हो तभी तो मेरी निन्दा करती हो और क्रोध करती हो; तन गारौ = शरीर खपाया है; कहा करति अवसेरी सी = मुझे तंग (अवसेरी) क्यों करती हो; जब देखौं तुम मेरी सी = तुम्हें अपने समान जब देखूँ।

उद्धव प्रत्यागमन

(1) कृष्ण का कथन—हे उद्धव, जब तुम ब्रज पहुँचे तब की कथा कहिए। हित = प्रेमी, हितू—नन्दबाबा, यशोदा माता और कौन-कौन से प्रेमी आकर

मिले। चाखते चखाइ = चखाकर चखते हैं—खिलाकर खाते हैं; किहिं भाइ = किस भाव से, किस प्रकार; मुख सन्मुख सुख पाइ = मेरे वहाँ रहते हुए प्रत्यक्ष सुख पाकर भी; गोपिन गृह व्यवहार...लेति मनहिं जु चुराइ = हे उद्धव, बताओ कि जिन गोपियों ने मेरे वहाँ रहते प्रत्यक्ष सुख (पुत्र, पति आदि को) पाकर भी (मेरे कारण) अपना गृह व्यवहार भुला दिया था तथा जो निमिष मात्र के लिए मेरे आँखों से ओट हो जाने पर नाराज हो जाती थीं (अब मेरे मथुरा चले आने पर) उनका यह दुःख कहाँ समाता है—वे किस प्रकार रहती हैं। उन गोपियों में एक सखी राधा थी जो मेरा मन चुरा लेती थी (उसकी क्या दशा है?)।

(2) उद्धव का कथन। ब्रज के निकट जाइ फिरि आयौ = (हे कृष्ण) मैं ब्रज के निकट जाकर वापस लौट आया। तुम्हारी सीख = तुम्हारी शिक्षा—योग आदि की; परिवार = समूह संघट्ट—ज्ञान, ध्यान, व्रत, नियम, योग आदि सभी का (पार जाने के लिए) अवलम्ब लिया; सुरति बृच्छ = स्मरण रूपी वृक्ष—(लेकिन गोपियों के विरह जन्य) निःश्वासों ने झकझोर डाला और तुम्हारी शिक्षा रूपी नौका को स्मरण रूपी वृक्ष से टकराकर मेरे बाहुबल को चूर-चूर कर दिया। हौं = मैं; वा गहिरैं = उस गहरी (आँसुओं की) धारा में, केतिक बुड़की = कितनी ही डुबकियाँ; बापुरो = बेचारा; धौं = पता नहीं; गुसाईं = गोस्वामी—राजा, मालिक; जानत हुतौ थाह वा जल की = मैं उस जल (आँसुओं के) की थाह जानता था (तभी उसे पार कर सका)। प्रेम की भीर = प्रेम की चपेट में।

(3) उद्धव का कथन। आगैं होइ लयौ = आगे आकर (बढ़कर मेरा) स्वागत किया; सबही सोध लह्यौ = सभी ने (मेरे आने की ख़बर) पाई; मेरी सौ मोसौं...कहो कह्यौ = कृष्ण का कथन—मेरी कसम, उद्धव, तुम मुझे सच-सच कहो कि माता यशोदा ने क्या कहा? बारंबार कुशल...प्रीति आनि उर साली= उद्धव का उत्तर। कृष्न...बलराम = माता यशोदा के द्वारा रटा गया नाम; यह मुरली दै घाली = यह मुरली (मेरे आगे) डाल दी; प्रीति आनि उरसाली = (मुरली को) हृदय में प्रेमविवश होकर गड़ा ली (लगा ली)।

(4) उद्धव का कथन। श्रवन मूँदि...मन गाईं = अपने कान मूँद कर (मेरे

द्वारा योग का उपदेश दिए जाने पर उसे न सुनने के लिए) तुम्हारे गुणों और लीला (कर्म) का प्रेम में मग्न होकर गान किया। दूरि लौं आई = (मेरे वापस आते समय) दूर तक आई; बनविनोद = वृन्दावन में की जाने वाली क्रीड़ाएँ; जे = जिन; ग्वाल न घेरत, मानौ भई पराई = ग्वाल-बाल (उन गायों को) अब नहीं चराते (घेरत) हैं मानों वे पराई हो गई हैं।

(5) उद्धव का कथन। तन कारे = विरहाग्नि से तप कर शरीर काला पड़ गया; जोवति = देखती है; गोसुत = बछड़े; दीन = दुर्बल; देखियत = देखे जाते हैं।

(6) उद्धव का कथन। हरि जू सुनहु बचन सुजान = हे ज्ञानी (सुजान) कृष्ण, यह वचन सुनो। बिरह व्याकुल...लोचन कान = (गापिकाएँ) विरह से व्याकुल हैं। उनके तन दुर्बल हैं, मन दुःखी हैं। वे आँखों और कानों से हीन हैं—तुम्हारी छवि के अलावा न कुछ देखना चाहती हैं और न तुम्हारे शब्दों के अलावा कुछ सुनना चाहती हैं। निदान=अन्ततः, अन्त में; दीन = दुर्बल; आस साँस...आसा मान = तुम्हारे वापस आने की अवधि की आशा में उच्छ्वास रूपी श्वासें गोपिकाओं के शरीर में आशा लगाए अटकी है कि कभी तो यह अवधि समाप्त होगी।

(7) चलन न देत...षटयाम = (वे गोपिकाएँ) मुझे चलने (वापस आने) नहीं देती थीं, वापस आना मुझे भी अच्छा नहीं लगता था, चलते समय मैंने उनसे छः प्रहर में वापस आने को कहा है (कृष्ण को लेकर वापस आना?); कहत ढीठौ दै = धृष्ठता करके कहता हूँ; तेऊ तौ नियरे नँदग्राम = वे भी तो नन्द गाँव के निकट हैं—हे कृष्ण, यह न समझो कि केवल नन्द गाँव के निवासी ही तुम्हारे वियोग से दुःखी हैं। वे सभी जो ब्रज के निवासी हैं, उन्हें भी नन्द गाँव की विरहाग्नि का आभास है।

(8) बावरी = पागल, उन्मत्त; रावरी = आपकी; कौन बसै यह कठिन गाँव की = अरी, इस कठिन गाँव में (कृष्ण की दधि-माखन आदि लीलाओं के कारण जहाँ रहना कठिन है) कौन बसे। ऊखल = ओखली; दाँवरी = दाम—रस्सी;

झाँवरी = धुँधली; मुरली महियाँ = मुरली के मध्य, मुरली के स्वरों में; ब्रजनाथ साथ तैं...ठाँवरी = कृष्ण के साथ होने से इस स्थान पर चन्द्रमा उदित हुआ है–कृष्ण के मुख की शोभा का प्रकाश हुआ है। साँवरी = (विरहाग्नि के कारण) काली। विरहिणी गोपिकाओं के उन्मत्त प्रलाप का उद्धव द्वारा वर्णन।

(9) उद्धव का कथन। हरि जू आए...तिमिरि कौ दीन्हीं = (उद्धव कृष्ण से कहते हैं कि राधा वियोग में विक्षिप्त हो गयी हैं इसीलिए मुझे तुम्हारे जैसे साँवले शरीर वाला होने के कारण कृष्ण समझकर बोल उठीं) 'हे कृष्ण, तुम आए यह अच्छा किया'। मुझे देखते ही राधिका यह कह उठीं और अन्धकार को आलिंगन कर लिया (अन्धकार को काला देखकर, कृष्ण समझकर आलिंगन कर लिया–यहाँ राधा की विक्षिप्तावस्था का वर्णन है कि वे उद्धव, कृष्ण और अन्धकार में भेद नहीं कर पातीं।) चलत = मेरे वापस चलते समय; स्वेद सलिल भइ भीनी = पसीने के जल से भीग गईं–अनुभाव। छुटी न भुज = (मेरे द्वारा चरणों से उठाए जाने पर) मेरी भुजाओं से नहीं छूटी–चरणों में पड़ी रहीं; बलयावलि = वलय–कंगन अथवा चूड़ियों का समूह; प्रेम की परनि = प्रेम का ढंग, रीति; परेवा = पक्षी–विशेषकर कबूतर; मानौ अहि मनि छीनी = मानों सर्प से उसकी मणि छीन ली गई हो; अयान = अज्ञान।

(10) उद्धव का कथन। भावती = प्रेमिका; माखन काढ़ि कूबरी...बहुरो जम्यौ कह्यौ = तुम्हारी प्रेयसी ने यह सन्देश दिया है कि कृष्ण से कहना कि माखन (कृष्ण) तो कूबरी ने निकाल लिया है, ब्रज में केवल छाछ (मह्यौ) बाकी रह गया है। कृष्ण की रति से उत्पन्न प्रेम रूपी दूध जो पहले जमा था अब फिर जम गया है। तात्पर्य यह कि यद्यपि कूबरी ने कृष्ण को प्राप्त कर लिया है फिर भी हमें उससे कोई शिकायत नहीं। हम कृष्ण को पहले की ही तरह प्रेम करती हैं। कूबरी = श्रीमद्‌भागवत की एक पात्र जो कंस की दासी थी। कंस के लगाने के लिए चंदन लिए जा रही थी। मार्ग में मिलने पर कृष्ण ने उससे कहा कि चंदन मेरे लगा दे। वह कृष्ण पर रीझ गई। कृष्ण ने अपने चरण के स्पर्श से उसका कूबड़ ठीक किया। वह परम रूपवती बन गई और स्वयं को कृष्ण के अर्पण कर दिया। कूबरी के प्रेम की उलाहना गोपियों ने उद्धव से खूब

दिया है। लेकिन इस पद में कूबरी के प्रति सपत्नी भाव न होकर अपनी दीनता का कथन है।

(11) और कोउ क्यों समुझाइ कहै = वह राधा किसी और से कैसे समझा कर कहे। दुहुँ दिसि कौ अति बिरह = दोनों ओर का दारुण विरह; जब राधा तबही...सीतलताहि चहै = (दोनों ओर का विरह इस प्रकार कि) जब राधा स्वयं को राधा समझती है तब मुख से माधव रटती है और जब स्वयं को माधव समझती है तब उसका सारा शरीर राधा के विरह में जलता है। इस प्रकार वह उस काष्ठ कीट के समान शीतलता चाहती है जो जिस लकड़ी में निवास करता है उसके दोनों किनारों पर आग लगी है। वह बचकर जाए तो किधर।

(12) तज्यौ तेल तमोल...मलीन = राधा ने तुम्हारे विरह में तेल लगाना, पान खाना और आभूषण पहनना छोड़ दिया है और उनके अंग के वस्त्र मैले हो गए हैं। कंकना कर रहत नाहीं टाड़ भुज गहि लीन = उनकी कलाइयाँ इतनी पतली हो गई हैं कि कंगन उनमें नहीं रुकते। वे टाड़ के समान भुजाओं में आ जाते हैं। टाड़=बाँह में कोहनी से ठीक ऊपर पहना जाने वाला जेवर—टड़िया; कहन = कहने के लिए; सुंदरि = सुन्दरी—राधा; मो तन = मेरी ओर; छुद्रावलि = करधनी, तगड़ी; परिहस भीन = दुख में भीगा हुआ; भट = वीर, साहसी।

(13) भई तन जरि छार = शरीर जल जाने से राख हो गई है; बिकरार = विकराल—राख मात्र बच रहने पर देखने में भयानक—फा॰ बेकरार = बेचैन से अर्थ नहीं लिया जा सकता क्योंकि राख हो जाने के सन्दर्भ में भयानक अर्थ ही ठीक होगा। जरे हाथ लुहार=उनके हाथ लपटों (लुआर) से जल गए हैं—'लुआर' शब्द में प्राणता के आगम से 'लुहार' बन गया है। लकुट अंध अधार = जैसे अन्धे का आधार उसकी लकड़ी है।

गोस्वामी तुलसीदास

गोस्वामी तुलसीदास का जीवन-वृत्त हिन्दी समालोचना और साहित्येतिहास लेखन में विवाद का विषय रहता आया है। अन्तःसाक्ष्य और बहिःसाक्ष्य के आधार पर अनेक विद्वानों ने अपने निष्कर्ष निकाले हैं। इनमें लोगों की रुचि और आग्रह का भी पर्याप्त योग रहा है। ऊपर से जनश्रुतियों ने लोकमानस में जो धारणा बनाई वह अपनी जगह है। तुलसी साहित्य के प्राप्त साक्ष्यों में जीवन-वृत्त सम्बन्धी स्पष्ट उल्लेख कहीं भी नहीं है। यहाँ तक कि तुलसी का वास्तविक नाम क्या था, इसका भी संधान असम्भवप्राय है। बाबा बेनी माधवदास कृत 'मूल गोसाँईं चरित', रघुबरदास कृत 'तुलसी चरित', शिवसिंह सरोज और प्रसिद्ध रामायणी पं. रामगुलाम द्विवेदी के द्वारा प्रस्तुत जन्म संवतों के आधार पर ही अब तक आलोड़न-विलोड़न हुआ है। दोनों चरितों के अनुसार तुलसी सं. 1554 में 'उत्पन्न हुए, सरोज के अनुसार सं. 1583 में और जनश्रुति से सं. 1589 में। इनकी मृत्यु-तिथि सं. 1680 की 'श्रावण शुक्ल सप्तमी' अथवा 'श्रावण कृष्णा तीज शनि' कही जाती रही है। काशी में असीघाट पर इनका शरीर पूरा हुआ था--संवत सोलह सै असी असी गंग के तीर। श्रावण शुक्ला सप्तमी (अथवा श्रावण कृष्णा तीज शनि) तुलसी तज्यौ शरीर। इस प्रकार एक मत से ये 126, दूसरे से 97 और तीसरे से 91 वर्ष के बैठते हैं। केवल एक ही तिथि तुलसी ने स्वयं दी है---रामचरितमानस की रचना का प्रारम्भ। सं. 1631 के चैत्रमास की शुक्ल नवमी (राम नवमी) के दिन मानस का श्रीगणेश हुआ। इस प्रकार मानस रचना के समय तुलसी उक्त आविर्भाव तिथियों के अनुसार क्रमशः 77, 48 और 44 वर्ष के ठहरते हैं। सतहत्तर वर्ष की

अतिवृद्धावस्था मानस रचना के लिए कदापि उपयुक्त नहीं हो सकती। हाँ, 48 और 44 वर्ष की अवस्था उपयुक्त है। इसमें तीसरे मत की ओर विद्वानों का अधिक झुकाव है। इस प्रकार तुलसी का समय सं. 1589 से 1680 निश्चित किया जाता है।

इसी तरह तुलसी के जन्मस्थान सम्बन्धी राजापुर (बाँदा जिला) और सोरों (एटा जिला) के दो मत हैं। सोरों मत का आधार अपुष्ट है, यह सिद्ध किया जा चुका है। जनश्रुति, बहिर्साक्ष्य और कवि द्वारा प्रयुक्त भाषा का तर्क राजापुर को मान्यता देता है। उक्त दोनों 'चरितों' में तुलसी सरयूपारीण ब्राह्मण बताए गए हैं। यही स्वीकृत है। केवल मिश्रबन्धुओं ने इन्हें कान्यकुब्ज ब्राह्मण माना है जिस पर कोई ध्यान नहीं दिया गया।

तुलसी का बाल्यकाल अति कष्ट में बीता। उनकी रचनाओं में ऐसे उल्लेख आते हैं। यही करण है कि समस्त तुलसी साहित्य में दारिद्र्य और दैन्य निवारण का एकनिष्ठ प्रयास मिलता है। तभी तो प्रतिपक्ष—रावण की कल्पना उन्होंने दारिद्र्य रूप में की है—दारिद दसानन दबाई दुनी दीनबन्धु।

तुलसी अयोध्या, काशी और चित्रकूट के अतिरिक्त शूकरक्षेत्र में भी रहे थे, जहाँ उन्होंने बाल्यकाल में अपने गुरुमुख से राम कथा सुनी थी। आचार्य शुक्ल ने इस शूकरक्षेत्र (वर्तमान सोरों) को गोंडा ज़िले में सरयू-घाघरा के संगम पर स्थित तीर्थ बताया है जहाँ तुलसी के अनुमानित गुरु नरहर्यानन्द की गद्दी अब भी है। इन तथ्यों के अतिरिक्त तुलसी के माता-पिता-परिवार-पत्नी-पुत्र आदि सम्बन्धी जो सूचनाएँ मिलती हैं वे जनश्रुति पर आधृत और आग्रह जनित हैं। पिता आत्माराम दुबे, माता हुलसी, जन्म लेते ही माता-पिता द्वारा इनका त्याग, दासी के द्वारा पालन-पोषण, पत्नी रत्नावली, पुत्र तारापति, पत्नी द्वारा मोहभंग, गृहत्याग आदि कथाओं को कोई आधार नहीं मिलता। यह अवश्य है कि इन्हीं कथाओं का आश्रय लेकर कुछ अच्छे उपन्यासों और काव्यों की रचना हुई है जिसमें आधुनिक हिन्दी कविता का गौरव निराला की कालजयी कृति 'तुलसीदास' भी है।

तुलसी के नाम से अब तक सैंतीस रचनाएँ प्राप्त हो चुकी हैं। लेकिन ये

सभी प्रामाणिक नहीं हैं। पं. रामगुलाम द्विवेदी ने केवल बारह ग्रन्थों को प्रामाणिक माना है। इन्हीं की स्थापना के अनुरूप नागरी प्रचारिणी सभा, काशी ने 'तुलसी ग्रन्थावली' का सम्पादन-प्रकाशन कराया। ये रचनाएँ हैं—रामचरितमानस, जानकी मंगल, पार्वती मंगल, रामाज्ञा प्रश्न, वैराग्य संदीपनी, कवितावली, गीतावली, दोहावली, श्रीकृष्ण गीतावली, रामलला नहछू, बरवै रामायण और विनय पत्रिका। रूपविधि और भाषा के अनुसार इनमें मानस, पार्वती मंगल और जानकी मंगल प्रबन्ध रचनाएँ हैं, कवितावली, गीतावली, श्रीकृष्ण गीतावली, दोहावली, विनय पत्रिका, वैराग्य संदीपनी और बरवै मुक्तक हैं। रामाज्ञा प्रश्न ज्योतिष-विचार सम्बन्धी रचना है। नहछू मांगलिक अवसरों पर गाए जाने वाले लोकगीतों की शैली पर रचित है। 'नहछू' का अर्थ है नाखून काटना। भाषा के आधार पर तुलसी की रचनाएँ दो प्रकार की हैं– अवधी और ब्रज की। इन दोनों ही काव्य-भाषा-शैलियों के दो रूप मध्यकालीन कविता में मिलते हैं—अवधी में पूर्वी और पश्चिमी तथा ब्रज में केन्द्रीय ब्रज और संस्कारित ब्रज। तुलसी ने इन दोनों विभाषाओं के द्विधा रूपों का प्रयोग किया है। रामलला नहछू, बरवै रामायण और दोनों मंगल काव्य पूर्वी अवधी में निबद्ध हैं जिसे ठेठ अवधी भी कहा गया है, रामाज्ञा प्रश्न, वैराग्य संदीपनी और मानस की रचना पश्चिमी अवधी में है जिसमें किंचित् ब्रज, कन्नौजी, बुंदेली के रूपात्मक तत्त्व आ मिले हैं। वास्तव में इस भाषा का संस्कार तुलसी ने ही किया था। इसी प्रकार श्रीकृष्ण अवतार की लीला से सम्बद्ध होने के नाते श्रीकृष्ण गीतावली की रचना मथुरा-वृन्दावन की केन्द्रीय ब्रजभाषा में है जब कि विनयपत्रिका, गीतवली, दोहावली, कवितावली की रचना पूर्वी ब्रज में है। मानस की भाषा की भाँति इस पूर्वी ब्रज का संस्कार भी तुलसी के द्वारा सम्भव हुआ जिसमें अवधी, कन्नौजी, बुंदेली के व्याकरणिक तत्त्व समाहित हैं। कहना न होगा कि तुलसी के बाद मध्यकालीन कविता की भाषा यही संस्कारित ब्रज है जो समस्त उत्तर भारत में काव्य का सर्वमान्य माध्यम रही है। भाषा संस्कार के क्षेत्र में तुलसी का कार्य अद्वितीय है।

तुलसी भक्त कवि हैं। इनकी भक्ति का आधार अवतारवाद है। कबीर

आदि सन्तों ने यद्यपि भक्ति की सुदृढ़ प्रतिष्ठा पहले से कर रखी थी फिर भी उनकी भक्ति निर्गुण, निर्विशेष परब्रह्म का आश्रय लेकर चली, इसलिए अपने व्यवहार में अतिशय लोकोन्मुखी होते हुए भी ये सन्तकवि पारमार्थिक दृष्टि से लोकविमुख थे। तभी तो योग और रहस्यभावना की गुह्य अनुभूतियों की अभिव्यक्ति से इनकी रचना पटी पड़ी है। लेकिन सूर-तुलसी ने भक्तिभावना की अभिव्यक्ति के लिए विष्णु के अवतारों का आश्रय लिया जिससे वह सदैव लोकस्थ बनी रही। आत्मस्थ रहकर वैयक्तिकता के आरोप का ख़तरा कभी नहीं पैदा हुआ। तुलसी की इसी लोकवादी भक्ति भावना को आचार्य शुक्ल ने 'लोकसंग्रह' की संज्ञा दी है। लोकमंगल तुलसी के काव्य का आदर्श है। इस भक्ति का निर्वाह तुलसी सामाजिकता में करते हैं। उनकी दृष्टि में सामाजिकता केवल सम्बन्धों का ऊपरी आवरण नहीं है। गहराई में जाकर ये सम्बन्ध भक्ति के सुदृढ़ आधार से बँधे हैं जो प्रत्यक्षतः वर्णाश्रम व्यवस्था पर आधृत हैं। तुलसी की वर्णाश्रम धारण की अप्रशंसा करने का प्रयास कुछ लोगों ने किया है। लेकिन वे आधुनिक जनवादिता की झोंक में मध्यकालीन परिवेश को नजरअन्दाज कर देते हैं। ऐसा नहीं है कि तुलसी ने वर्णाश्रम व्यवस्था के दोष न देखे हों। यदि ऐसा होता तो निषाद, केवट, भीलनी, वनवासी, त्रिजटा, विभीषण आदि को वे भक्त की श्रेणी कभी न देते। वास्तव में वर्णाश्रम धारणा व्यावहारिक रूप से समाज की विशृंखलता से रक्षा का माध्यम थी। मानवीय और भावात्मक धरातल पर भक्ति ने विलक्षण ऐक्य का निर्माण किया था। जहाँ समस्त प्राणिजगत् एक ही स्तर पर स्थित मिलता है। माता-पिता-पुत्र-भाई-पत्नी, नगरवासी-ग्रामवासी-वनवासी, वानर-भालु, ऋषि-देवता-राक्षस सभी इस सम्बन्धवृत्त में उपस्थित हैं। यहाँ इनमें किसी प्रकार का श्रेणी विभाजन नहीं है। सम्बन्ध निर्वाह की यह विराट् परिकल्पना ही वह कारण है जिससे तुलसी का काव्य चार सौ वर्षों से भारतीय जन-मानस का आश्रय बना रहा है।

तुलसी समन्वयवादी थे। दर्शन, उपासना, समाज, संस्कृति, साहित्य–भाषा, रीति, विधि सभी क्षेत्रों में इस प्रवृत्ति के प्रमाण मिलते हैं। उनकी समन्वय दृष्टि

का मूल लक्ष्य समाज था। समाज के विविध स्तरों में सामंजस्य की स्थापना के लिए आवश्यक था कि विभिन्न दर्शनों, उपासना पद्धतियों आदि के विलुप्त अन्तःसूत्र को पकड़ा जाए। इस दिशा में तुलसी को पूर्ण सफलता मिली। आचार्य हजारीप्रसाद द्विवेदी के अनुसार, 'भारतवर्ष का लोकनायक वही हो सकता है जो समन्वय करने का अपार धैर्य लेकर आया हो।' तुलसी ने स्वयं समाज के विभिन्न स्तरों पर जीवनयापन किया था। वैषम्य से वे प्रत्यक्षतः पीड़ित रहे थे। इसीलिए समन्वय साधना बनकर उनकी रचना में प्रतिफलित हुआ है। वैषम्य निवारण का दूसरा प्रबल साधन मर्यादावाद था। समाज में व्याप्त अतिचार-अनाचार का एक मात्र उत्तर मर्यादापालन ही था। लेकिन यह प्रक्रिया आरोपित न होकर भक्ति से प्रेरित थी जिससे धुलकर समाज शरीर में व्याप्त हो सकी।

तुलसी का भुक्त यथार्थ उनके जीवन की दुरूहता का ही चित्रण नहीं है, उनके युग की अपरिहार्य नियति है। कवितावली के उत्तर काण्ड और मानस के कलि वर्णन में इसके दर्शन होते हैं। इस दैहिक और भौतिक ताप के शमन के लिए तुलसी ने रामचरणामृत का आश्रय लिया है जिससे दैविक ताप स्वतः शान्त हो जाता है। उनकी यह लोक कल्याण कामना ही रामराज्य की धारणा के रूप में व्यक्त हुई है जो तुलसीदास काव्य का चरम आदर्श है।

तुलसी की इस विराट् लोकवादी-समन्वयवादी-मर्यादावादी भक्तिमूलक भाव सम्पदा की अभिव्यक्ति के लिए इसी के अनुरूप शैली वैविध्य भी मिलता है। आचार्य शुक्ल ने संकेत किया है कि तुलसी ने अपने समय तक व्यवहृत सभी काव्य शैलियों में रचना की है। इनमें वीरगाथात्मक छप्पय शैली, विद्यापति और सूर के अनुरूप पद-गीत शैली, गंग-नरहरि वदीजन आदि की कवित्त-सवैया शैली, नीति-उपदेश शैली और अर्धमागधी अपभ्रंश के जैन प्रबन्धों और अवधी के सूफ़ी प्रेमाख्यानों की दोहा-चौपाई शैली का उल्लेख है। तुलसी की समस्त कृतियों पर विचार करने से शैली परिगणन इस प्रकार होगा : रामचरित मानस, मंगल काव्य और वैराग्य संदीपनी में दोहा-चौपाई शैली, मंगल काव्यों और नहछू में लोकगीतात्मक (सोहर) शैली, कवितावली (हनुमान बाहुक समेत) में कवित्त-सवैया

शैली, दोहावली और रामाज्ञा प्रश्न में दोहा शैली, गीतावली, विनयपत्रिका और श्रीकृष्ण गीतावली में पद शैली, बरवै रामायण में नवोद्भूत बरवै शैली और मानस तथा कवितावली में छप्पय शैली। देखने की बात है कि एक कवि के द्वारा इतनी अधिक शैलियों का निबन्धन हिन्दी साहित्य में तो है ही नहीं, संस्कृत साहित्य में भी दुर्लभ है।

भाषा वैविध्य की चर्चा रचनाओं के प्रसंग में की जा चुकी है। यहाँ इतना ही लक्षित करना काम्य है कि तुलसी ने अवधी अथवा ब्रज के जिन दुहरे रूपान्तरों का प्रयोग किया है कि उनके सफल निर्वाह का रहस्य यह है कि तुलसी तत्तत भाषाओं की वाक्य संरचना की प्रकृति कभी नहीं छोड़ते जिससे भाषा न केवल रूपात्मक दृष्टि से निर्दोष बनी रह सकी बल्कि उसका मुहावरा भी अक्षुण्ण बना रहा है। उनका शब्दविधान व्यापक और विविध है। तत्सम, अर्धतत्सम-ऋण शब्द, तद्भव, देशज, विदेशी सभी की छटा फैली है। नागर और ग्रामीण शब्द प्रयोग एक साथ वाक्य में जड़े मिलते हैं। तुलसी की अप्रस्तुत योजना परम्परित और मौलिक दोनों प्रकार की है। इसी प्रकार छन्दोविधान भी परम्परागत और नवीन दोनों प्रकार का है। विधा चयन की सार्थकता का प्रमाण तुलसी की कृतियाँ स्वयं हैं। मानस का महाकाव्य होना ही पर्याप्त नहीं है, प्रबन्धौचित्य का वह अनूठा उदाहरण भी है।

समग्रतः, तुलसी प्रयोजनशील कवि हैं। उनके काव्य का प्रयोजन भक्ति प्रवाह को भीतर से बाहर की ओर ले जाना है। इसीलिए वे काव्य सर्जन-प्रक्रिया का उल्लेख करते समय उसके प्रयोगन को रेखांकित करते चलते हैं—

हृदय सीप मति सिंधु समाना। स्वाति सारदा कहहिं सुजाना॥
जो बरसइ बरबारि बिचारू। होहि कवित मुकतामनि चारू॥
जुगुति बेधि पुनि पोहियहि राम चरित बर ताग।
पहिरहिं सज्जन बिमल उर सोभा अति अनुराग॥

अंगद-दौत्य

इहाँ प्रात जागे रघुराई। पूछा मत सब सचिव बोलाई॥
कहहु बेगि का करिअ उपाई। जामवंत कह पद सिरु नाई॥
सुनु सर्वग्य सकल उर वासी। बुधि बल तेज धर्म गुन रासी॥
मंत्र कहउँ निज मति अनुसारा। दूत पठाइअ बालिकुमारा॥
नीक मंत्र सबके मन माना। अंगद सन कह कृपानिधाना॥
बालितनय बुधि बल गुन धामा। लंका जाहु तात मम कामा॥
बहुत बुझाइ तुम्हहि का कहऊँ। परम चतुर मैं जानत अहऊँ॥
काजु हमार तासु हित होई। रिपु सन करेहु बतकही सोई॥

प्रभु अग्या धरि सीस चरन बंदि अंगद उठेउ।
सोइ गुन सागर ईस राम कृपा जा पर करहु ॥1॥(क)
स्वयंसिद्ध सब काज नाथ मोहि आदरु दियउ।
अस बिचारि जुबराज तन पुलकित हरषित हियउ ॥1॥(ख)

बंदि चरन उर धरि प्रभुताई। अंगद चलेउ सबहिं सिरु नाई॥
प्रभु प्रताप उर सहज असंका। रन बाँकुरा बालिसुत बंका॥
पुर पैठत रावन कर बेटा। खेलत रहा सो होइ गै भेटा॥
बातहिं बात करष बढ़ि आई। जुगल अतुल बल पुनि तरुनाई॥
तेहिं अंगद कहुँ लात उठाई। गहि पद पटकेउ भूमि भवाँई॥
निसिचर निकर देखि भट भारी। जहँ तहँ चले न सकहिं पुकारी॥
एक एक सन मरमु न कहहीं। समुझि तासु बध चुप करि रहहीं॥
भयउ कोलाहल नगर मझारी। आवा कपि लंका जेहि जारी॥
अव धौं कहा करिहि करतारा। अति सभीत सब करहिं बिचारा॥
बिनु पूछें मगु देहिं दिखाई। जेहि बिलोक सोइ जाइ सुखाई॥

गयउ सभा दरबार तब, सुमिरि राम पद कंज।
सिंह ठवनि इत उत चितव, धीर वीर बल पुंज ॥2॥

तुरत निसाचर एक पठावा। समाचार रावनहि जनावा ॥
सुनत बिहँसि बोला दससीसा। आनहु बोलि कहाँ कर कीसा॥
आयसु पाइ दूत बहु धाए। कपि कुंजरहि बोलि लै आए॥
अंगद दीख दसानन बैसें। सहित प्रान कज्जलगिरि जैसें॥
भुजा बिटप सिर सृंग समाना। रोमावली लता जनु नाना॥
मुख नासिका नयन अरु काना। गिरि कंदरा खोह अनुमाना॥
गयउ सभाँ मन नेकु न मुरा। बालितनय अतिबल बाँकुरा॥
उठे सभासद कपि कहुँ देखी। रावन उर भा क्रोध बिसेषी॥

जथा मत्त गज जूथ महुँ, पंचानन चलि जाइ।
राम प्रताप सुमिरि मन, बैठ सभाँ सिरु नाइ ॥3॥

कह दसकंठ कवन तैं बन्दर। मैं रघुबीर दूत दसकंधर॥
मम जनकहि तोहि रही मिताई। तब हित कारन आयउँ भाई॥
उत्तम कुल पुलस्ति कर नाती। सिव विरंचि पूजेहु बहु भाँती॥
बर पायहु कीन्हेहु सब काजा। जीतेहु लोकपाल सब राजा॥
नृप अभिमान मोह बस किंबा। हरि आनिहु सीता जगदंबा॥
अब सुभ कहा सुनहु तुम्ह मोरा। सब अपराध छमिहि प्रभु तोरा॥
दसन गहहु तृन कंठ कुठारी। परिजन सहित संग निज नारी॥
सादर जनकसुता करि आगें। एहि बिधि चलहु सकल भय त्यागें॥

प्रनतपाल रघुबंसमनि त्राहि त्राहि अब मोहि।
आरत गिरा सुनत प्रभु अभय करैगो तोहि ॥4॥

रे कपिपोत बोलु संभारी। मूढ़ न जानेहि मोहि सुरारी॥
कहु निज नाम जनक कर भाई। केहि नातें मानिए मिताई॥

अंगद नाम बालि कर बेटा। तासों कबहुँ भई ही भेटा॥
अंगद बचन सुनत सकुचाना। रहा बालि बानर मैं जाना॥
अंगद तहीं बालि कर बालक। उपजेहु बंस अनल कुल घालक॥
येन गयहु व्यर्थ तुम्ह जायहु। निज मुख तापस दूत कहायहु॥
अब कहु कुसल बालि कहँ अहई। बिहँसि वचन तब अंगद कहई॥
दिन दस गएँ बालि पहिं जाई। बूझेहु कुसल सखा उर लाई॥
राम विरोध कुसल जसि होई। सो सब तोहि सुनाइहि सोई॥
सुनु सठ भेद होइ मन ताकें। श्रीरघुवीर हृदय नहिं जाकें॥

हम कुल घालक सत्य तुम्ह कुल पालक दससीस।
अंधउ बधिर न अस कहहिं नयन कान तव बीस ॥5॥

सिव विरंचि सुर मुनि समुदाई। चाहत जासु चरन सेवकाई॥
तासु दूत होइ हम कुल बोरा। अइसिहुँ मति उर बिहर न तोरा॥
सुनि कठोर बानी कपि केरी। कहत दसानन नयन तरेरी॥
खल तव कठिन बचन सब सहऊँ। नीति धर्म मैं जानत अहऊँ॥
कह कपि धर्मसीलता तोरी। हमहुँ सुनी कृत पर त्रिय चोरी॥
देखी नयन दूत रखवारी। बूड़ि न मरहु धर्म ब्रतधारी॥
कान नाक बिनु भगिनि निहारी। छमा कीन्हि तुम्ह धर्म बिचारी॥
धर्मसीलता तव जग जागी। पावा दरसु हमहुँ बड़भागी॥

जनि जल्पसि जड़ जंतु कपि सठ बिलोकु मम बाहु।
लोकपाल बल विपुल ससि ग्रसन हेतु सब राहु ॥6॥(क)
पुनि नभ सर मम कर निकर कमलन्हि पर करि वास।
सोभित भयउ मराल इव संभु सहित कैलास ॥6॥(ख)

तुम्हरे कटक माझ सुनु अंगद। मो सन भिरिहि कवन जोधा बद॥
तव प्रभु नारि बिरहँ बलहीना। अनुज तासु दुख दुखी मलीना॥

तुम्ह सुग्रीव कूलद्रुम दोऊ। अनुज हमार भीरु अति सोऊ॥
जामवन्त मंत्री अति बूढ़ा। सो कि होइ अब समरारूढ़ा॥
सिल्पि कर्म जानहिं नल नीला। है कपि एक महा बलसीला॥
आवा प्रथम नगरु जेहिं जारा। सुनत बचन कह बालि कुमारा॥
सत्य वचन कहु निसिचर नाहा। साँचेहुँ कीस कीन्ह पुर दाहा॥
रावन नगर अल्प कपि दहई। सुनि अस बचन सत्य को कहई॥
जो अति सुभट सराहेहु रावन। सो सुग्रीव केर लघु धावन॥
चलइ बहुत सो बीर न होई। पठवा खबरि लेन हम सोई॥

सत्य नगरु कपि जारेउ बिनु प्रभु आयसु पाइ।
फिरि न गयउ सुग्रीव पहिं तेहि भय रहा लुकाइ॥7॥(क)
सत्य कहहि दसकंठ सब मोहि न सुनि कछु कोह।
कोउ न हमारे कटक अस तो सन लरत जो सोह॥7॥(ख)
प्रीति बिरोध समान सन करिअ नीति असि आहि।
जौं मृगपति बध मेडुकन्हि भल कि कहइ कोउ ताहि॥7॥(ग)
जद्यपि लघुता राम कहुँ तोहि बधें बड़ दोष।
तदपि कठिन दसकंठ सुनु छत्र जाति कर रोष॥7॥(घ)
बक्र उक्ति धनु बचन सर हृदय दहेउ रिपु कीस।
प्रतिउत्तर सड़सिन्ह मनहु काढ़त भट दससीस॥7॥(ङ)
हँसि बोलउ दसमौलि तब कपि कर बड़ गुन एक।
जो प्रतिपालइ तासु हित करइ उपाय अनेक॥7॥(च)

धन्य कीस जो निज प्रभु काजा। जहँ तहँ नाचइ परिहरि लाजा॥
नाचि कूदि करि लोग रिझाई। पति हित करइ धर्म निपुनाई॥
अंगद स्वामिभक्ति तब जाती। प्रभु गुन कस न कहसि एहि भाँती॥
मैं गुन गाहक परम सुजाना। तब कटु रटनि करउँ नहिं काना॥
कह कपि तव गुन गाहकताई। सत्य पवनसुत मोहि सुनाई॥
बन बिधंसि सुत बधि पुर जारा। तदपि न तेहिं कछु कृत अपकारा॥

सोइ बिचारि तव प्रकृति सुहाई। दसकंधर मैं कीन्हि ढिठाई॥
देखऊँ आइ जो कछु कपि भाषा। तुम्हरे लाज न रोष न माखा॥
जौ असि मति पितु खाए कीसा। कहि अस बचन हँसा दससीसा॥
पितहि खाइ खातेउँ पुनि तोही। अबहीं समुझि परा कछु मोही॥
बालि बिमल जस भाजन जानी। हतउँ न तोहि अधम अभिमानी॥
कहु रावन रावन जग केते। मैं निज श्रवन सुने सुनु जेते॥
बलिहि जितन एक गयउ पताला। राखेउ बाँधि सिसुन्ह हयसाला॥
खेलहिं बालक मारहिं जाई। दया लागि बलि दीन्ह छोड़ाई॥
एक बहोरि सहसभुज देखा। धाइ धरा जिमि जंतु बिसेषा॥
कौतुक लागि भवन लै आवा। सो पुलस्ति मुनि जाइ छोड़ावा॥

एक कहत मोहि सकुच अति रहा बालि की काँख।
इन्ह महुँ रावन तै कवन सत्य बदहि तजि माख॥8॥

सुनु सठ सोइ रावन बलसीला। हरगिरि जान जासु भुज लीला॥
जान उमापति जासु सुराई। पूजेउँ जेहि सिर सुमन चढ़ाई॥
सिर सरोज निज करन्हि उतारी। पूजेऊँ अमित बार त्रिपुरारी॥
भुज बिक्रम जानहिं दिगपाला। सठ अजहूँ जिन्ह कें उर साला॥
जानहिं दिग्गज उर कठिनाई। जब जब भिरउँ जाइ बरिआई॥
जिन्ह के दसन कराल न फूटे। उर लागत मूलक इव टूटे॥
जासु चलत डोलति इमि धरनी। चढ़त मत्त गज जिमि लघु तरनी॥
सोइ रावन जग बिदित प्रतापी। सुनेहि न श्रवन अलीक प्रलापी॥

तेहि रावन कहँ लघु कहसि नर कर करसि बखान।
रे कपि बर्बर खर्ब खल अब जाना तव ग्या॥9॥

सुनि अंगद सकोप कह बानी। बोलु सँभारि अधम अभिमानी॥
सहसबाहु भुज गहन अपारा। दहन अनल सम जासु कुठारा॥
जासु परसु सागर खर धारा। बूड़े नृप अगनित बहु बारा॥
तासु गर्ब जेहि देखत भागा। सो नर क्यों दससीस अभागा॥

राम मनुज कस रे सठ बंगा। धन्वी कामु नदी पुनि गंगा॥
पसु सुरधेनु कल्पतरु रूखा। अन्न दान अरु रस पीयूष॥
बैनतेय खग अहि सहसानन। चिंतामनि पुनि उपल दसानन॥
सुनु मतिमंद लोक बैकुंठा। लाभ कि रघुपति भगति अकुंठा॥

सेन सहित तव मान मथि बन उजारि पुर जारि।
कस रे सठ हनुमान कपि गयउ जो तव सुत मारि॥10॥

सुनु रावन परिहरि चतुराई। भजसि न कृपासिंधु रघुराई॥
जौं खल भएसि राम कर द्रोही। ब्रह्म रुद्र सक राखि न तोही॥
मूढ़ वृथा जनि मारसि गाला। राम बयर अस होइहि हाला॥
तव सिर निकर कपिन्ह के आगें। परिहहिं धरनि राम सर लागें॥
तै तव सिर कंदुक सम नाना। खेलिहहिं भालु कीस चौगाना॥
जबहिं समर कोपिहि रघुनायक। छुटिहहिं अति कराल बहु सायक॥
तब कि चलिहि अस गाल तुम्हारा। अस बिचारि भजु राम उदारा॥
सुनत वचन रावन परजरा। जरत महानल जनु घृत परा॥

कुंभकरन अस बंधु मम सुत प्रसिद्ध सक्रारि।
मोर पराक्रम नहिं सुनेहि जितेऊँ चराचर झारि॥11॥

सठ साखामृग जोरि सहाई। बाँधा सिंधु इहइ प्रभुताई॥
नाघहिं खग अनेक वारीसा। सूर न होहिं ते सुनु सब कीसा॥
मम भुज सागर बल जल पूरा। जहँ बूड़े बहु सुर नर सूरा॥
बीस पयोधि अगाध अपारा। को अस बीर जो पाइहि पारा॥
दिगपालन्ह मैं नीर भरावा। भूप सुजस खल मोहि सुनावा॥
जौं पै समर सुभग तव नाथा। पुनि पुनि कहसि जासु गुन गाथा॥
तौ बसीठ पठवत केहि काजा। रिपु सन प्रीति करत नहिं लाजा॥
हरगिरि मथन निरखु मम बाहू। पुनि सठ कपि निज प्रभुहि सराहू॥

सूर कवन रावन सरिस स्वकर काटि जेहि सीस।
हुने अनल अति हरष बहु बार साखि गौरीस॥12॥

जरत बिलोकेउँ जबहिं कपाला। बिधि के लिखे अंक निज भाला॥
नर कें कर आपन बध बाँची। हसेउँ जानि बिधि गिरा असाँची॥
सोउ मन समुझि त्रास नहिं मोरें। लिखा बिरंचि जरठ मति भोरें॥
आन बीर बल सठ मम आगें। पुनि-पुनि कहसि लाज पति त्यागें॥
कह अंगद सलज्ज जग माहीं। रावन तोहि समान कोउ नाहीं॥
लाजवंत तव सहज सुभाऊ। निज मुख निज गुन कहसि न काऊ॥
सिर अरु सैल कथा चित रही। ताते बार बीस तैं कही॥
सो भुजबल राखेहु उर घाली। जीतेहु सहसबाहु बलि बाली॥
सुनु मतिमंद देहि अब पूरा। काटें सीस कि होइअ सूरा॥
इंद्रजालि कहुं कहिअ न बीरा। काटइ निज कर सकल सरीरा॥
जरहि पतंग मोह बस भार बहहिं खर वृंद।
ते नहिं सूर कहावहिं समुझि देखु मति मंद॥13॥

अब जनि बतबढ़ाव खल करही। सुनु मम बचन मान परिहरही ॥
दसमुख मैं न बसीठी आयउँ। अस बिचारि रघुबीर पठायउँ॥
बार-बार अस कहइ कृपाला। नहिं गजारि जसु बधें सृकाला॥
मन महुँ समुझि बचन प्रभु केरे। सहेउँ कठोर बचन सठ तेरे॥
नाहिं त करि मुख भंजन तोरा। लै जातेउँ सीतहिं बरजोरा॥
जानेउँ तब बल अधम सुरारी। सूने हरि आनिहि परनारी॥
तै निसिचर पति गर्व बहूता। मैं रघुपति सेवक कर दूत॥
जौं न राम अपमानहिं डरऊँ। तोहि देखत अस कौतुक करऊँ॥
तोहि पटकि महि सेन हति चौपट करि तब गाउँ।
तब जुबतिन्ह समेत सठ जनक सुतहि लै जाउँ॥14॥

जौं अस करौं तदपि न बड़ाई। मुएहि बधें नहिं कछु मनुसाई॥
कौल काम बस कृपिन बिमूढ़ा। अति दरिद्र अजसी अति बूढ़ा॥
सदा रोगबस संतत क्रोधी। विष्नु बिमुख श्रुति संत बिरोधी॥
तनु पोषक निंदक अघखानी। जीवत सव सम चौदह प्रानी॥
अस विचारि खल बधउँ न तोही। अब जनि रिस उपजावसि मोही॥
सुनि सकोप कह निसिचर नाथा। अधर दसन दसि मीजत हाथा॥
रे कपि अधम मरन अब चहसी। छोटे बदन बात बड़ि कहसी॥
कटु जल्पसि जड़ कपि बल जाकें। बल प्रताप बुधि तेज न ताकें॥

अगुन अमान जानि तेहि दीन्ह पिता बनवास।
सो दुख अरु जुवती बिरह पुनि निसि दिन मम त्रास॥15॥(क)
जिन्ह के बल पर गर्ब तोहि अइसे मनुज अनेक।
खाहिं निसाचर दिवस निसि मूढ़ समूझ तजि टेक॥15॥(ख)

जब तेहिं कीन्हि राम कैं निंदा। क्रोधवंत अति भयउ कपिंदा॥
हरि हर निंदा सुनइ जो काना। होई पाप गोघात समाना॥
कटकटान कपिकुंजर भारी। दुहु भुजदंड तमकि महि भारी॥
डोलत धरनि सभासद खसे। चले भाजि भय मारुत ग्रसे॥
गिरत सँभारि उठा दसकंधर। भूतल परे मुकुट अति सुंदर॥
कछु तेहिं लै निज सिरन्हि सँवारे। कछु अंगद प्रभु पास पवारे॥
आवत मुकुट देखि कपि भागे। दिन हीं लूक परन बिधि लागे॥
की रावन करि कोप चलाए। कुलिस चारि आवत अति धाए॥
कह प्रभु हँसि जनि हृदय डेराहू। लूक न असनि केतु नहिं राहू॥
ए किरीट दसकंधर केरे। आवत बालितनय के प्रेरे॥

तरकि पवनसुत कर गहे आनि धरे प्रभु पास।
कौतुक देखहिं भालु कपि दिनकर सरिस प्रकास॥16॥क
उहाँ सकोपि दसानन सब सन कहत रिसाइ।
धरहु कपिहि धरि मारहु सुनि अंगद मुसुकाइ॥16॥ख

गीतावली : लक्ष्मणमूर्छा

(1)

राम-लषन उर लाय लये हैं।
भरे नीर राजीव-नयन सब अँग परिताप तए हैं ॥
कहत ससोक बिलोकि बंधु-मुख बचन प्रीति गुथए हैं ।
सेवक-सखा भगति-भायप-गुन चाहत अब अथए हैं ॥
निज कीरति-करतूति तात! तुम सुकृती सकल जए हैं ।
मैं तुम्ह बिनु तुन राखि लोक अपने अपलोक लए हैं ॥
मेरे पनकी लाज इहाँलौं हठि प्रिय प्रान दए हैं।
लागति साँगि बिभीषन ही पर, सीपर आपु भए हैं ॥
सुनि प्रभु-बचन भालु-कपि-गन, सुर सोच सुखाइ गए हैं।
तुलसी आइ पवनसुत-बिधि मानो फिर निरमये नए हैं ॥

(2)

मोपै तौ न कछू ह्वै आई।
ओर निबाहि भली बिधि भायप चल्यो लखन-सो भाई ॥
पुर, पितु-मातु, सकल सुख परिहरि जेहि बन-बिपति बँटाई।
ता सँग हौं सुरलोक सोक तजि सक्यौ न प्रान पठाई ॥
जानत हौं या उर कठोरतें कुलिस कठिनता पाई।
सुमिरि सनेह सुमित्रा-सुतको दरकि दरार न जाई ॥
तात-मारन, तिय-हरन, गीध-बध, भुज दाहिनी गँवाई।
तुलसी मैं सब भाँति आपने कुलहिं कालिमा लाई ॥

(3)

मेरो सब पुरुषारथ थाको।
बिपति बँटावन बंधु-बाहु बिनु करौं भरोसो काको ॥
सुनु सुग्रीव! साँचेहू मोपर फेर्‌यो बदन बिधाता।

ऐसे समय समर-संकट हौं तज्यो लषन-सो भ्राता ॥
गिरि, कानन जैहैं साखा-मृग, हौं पुनि अनुज-सँघाती।
है है कहा विभीषन की गति रही सोच भरि छाती ॥
तुलसी सुनि प्रभु-बचन भालु-कपि सकल बिकल हिय हारे।
जामवंत हनुमंत बोलि तब, औसर जानि प्रचारे ॥

(4)

जौ हौं अब अनुसासन पावौं।
तौ चंद्रमहि निचोरि चैल-ज्यों, आनि सुधा सिर नावौं ॥
कै पाताल दलौं ब्यालावलि अमृत-कुंड महि लावौं।
भेदि भुवन, करि भानु बाहिरो तुरत राहु दै तावौं ॥
बिबुध बैद बरबस आनौं धरि, तौ प्रभु-अनुग कहावौं।
पटकौं मीच नीच मूषक-ज्यौं, सबहिंको पापु बहावौं ॥
तुम्हरिंहि कृपा, प्रताप तिहारेहिं नेकु बिलंब न लावौं।
दीजै सोइ आयसु तुलसी-प्रभु, जेहि तुम्हरे मन भावौं ॥

(5)

सुनि हनुमंत-बचन रघुवीर।
सत्य, समीर-सुवन सब लायक, कह्यौ राम धरि धीर ॥
चहिए बैद, ईस-आयसु धरि सीस कीस वलऐन।
आन्यो सदन सहित सोवत ही, जौ लौं पलक परै न ॥
जियै कुँवर, निसि मिलै मूलिका, कीन्हीं बिनय सुषेन।
उठ्यो कपीस, सुमिरि सीतापति, चल्यो सजीवनि लेन ॥
कालनेमि दलि बेगि बिलोक्यौ द्रोनाचल जिय जानि।
देखी दिब्य ओषधी जहँ तहँ जरी न परि पहिचानि ॥
लियो उठाय कुधर कंदुक-ज्यौं, बेग न जाइ बखानि।
ज्यौं धाए गजराज उधारन सपदि सुदरसनपानि ॥

आनि पहार जोहारे प्रभु, कियो बैदराज उपचार।
करुनासिंधु बंधु भेंट्यो, मिटि गयो सकल दुख-भार ॥
मुदित भालु-कपि-कटक, लह्यो जनु समर पयोनिधि पार।
बहुरि ठौरही राखि महीधर आयो पवनकुमार॥
सेन सहित सेवकहि सराहत पुनि पुनि राम सुजान।
बरषि सुमन, हिय हरषि प्रसंसत बिबुध बजाइ निसान ॥
तुलसिदास सुधि पाइ निसाचर भए मनहु बिनु प्रान।
परी भोरही रोर लंकगढ़, दई हाँक हनुमान॥

(6)

कौतुक ही कपि कुधर लियो है।
चल्यो नभ नाइ माथ रघुनाथहि, सरिस न बेग बियो है ॥
देख्यो जात जानि निसिचर, बिनु फर सर हयो हियो है।
पर्‌यो कहि राम, पवन राख्यो गिरि, पुर तेहि तेज पियो है ॥
जाइ भरत भरि अंक भेंटि निज, जीवन दान दियो है।
दुख लघु लषन मरम-घायल सुनि, सुख बड़ो कीस जियो है।
आयसु इतहि, स्वामि-संकट उत, परत न कछू कियो है।
तुलसिदास बिदर्‌यो अकास, सो कैसेकै जात सियो है ॥

(7)

भरत-सत्रु सूदन बिलोकि कपि चकित भयो है।
राम-लषन रन जीति अवध आए, कैधौं मोहि भ्रम,
कैधौं काहू कपट ठयो है ॥
प्रेम पुलकि, पहिचानिकै पदपदुम नयो है॥
कह्यो त परत जेहि भाँति दुहू भाइन,
सनेहसों उर लाय लयो है ॥
समाचार कहि गहरु भो, तेहि ताप तयो है।
कुधर सहित चढ़ौ बिसिष, बेगि, पठवौ, सुनि
हरि हिय गरब गूढ़ उपयो है ॥

तीरतें उतरि जस कह्यो चहै, गुनगननि जयो है।
धनि भरत! धनि भरत! करत भयो,
मगन मौन रह्यो मन अनुराग रयो है॥
यह जलनिधि खन्यो, मथ्यो, लंघ्यो, बाँध्यो, अँचयो है।
तुलसिदास रघुबीर बंधु-महिमाको सिंधु,
तरि को कबि पार गयो है?॥

(8)

होतो नहि जौ जग जनम भरत को।
तौ, कपि कहत, कृपान-धार मग चलि आचरत वरत को? ॥
धीरज-धरम धरनिधर-धुरहूँतें गुर धुर धरनि धरत को?
सब सदगुन सनमानि आनि उर, अघ-औगुन निदरत को? ॥
सिवहु न सुगम सनेह रामपद सुजननि सुलभ करत को ?
सुजि निज जस-सुरतरु तुलसी कहँ, अभिमत फरनि फरत को? ॥

(9)

सुनि रन घायल लषन परे हैं।
स्वामिकाज संग्राम सुभटसों लोहे ललकारि लरे हैं ॥
सुवन-सोक, संतोष सुमित्रहि, रघुपति-भगति बरे हैं।
छिन-छिन गात सुखात, छिनहिं छिन हुलसत होत हरे हैं ॥
कपिसों कहति सुभाय, अंबके अंबक अंबु भरे हैं।
रघुनंदन बिनु बंधु कुअवसर, जद्यपि धनु दुसरे हैं ॥
तात! जाहु कपि सँग, रिपुसूदन उठि कर जोरि खरे हैं।
प्रमुदित पुलकि पैंत पूरे जनु विधिबस सुढर ढरे हैं ॥
अंब-अनुजगति लखि पवनज-भरतादि गलानि गरे हैं।
तुलसी सब समुझाइ मातु तेहि समय सचेत करे हैं ॥

(10)

बिनय सुनायवी परि पाय।
कहौं कहा, कपीस! तुम्ह सुचि, सुमति, सुहृद सुभाय ॥

स्वामि-संकट-हेतु हौं जड़ जननि जनम्यो जाय।
समौ पाइ, कहाइ सेवक घट्यो तौ न सहाय ॥
कहत सिथिल सनेह भो, जनु धीर घायल घाय।
भरत-गति लखि मातु सब रहि ज्यौं गुड़ी बिनु बाय ॥
भेंट कहि कहिबो, कह्यो यों कठिन-मानस माय।
लाल! लोने लषन-सहित सुललित लागत नाँय ॥
देखि बंधु-सनेह, अंब-सुभाउ, लषन-कुठाय।
तपत तुलसी तरनि-त्रासुक एहि नये तिहुँ ताय ॥

(11)

हृदय घाउ मेरे, पीर रघुबीरै।
पाइ सजीवन, जागि कहत यों प्रेम पुलकि बिसराय सरीरै ॥
मोहि कहा बूझत पुनि-पुनि, जैसे पाठ-अरथ-चरचा कीरै ॥
सोभा-सुख, छति-लाहु भूपकहुँ, केवल कांति-मोल हीरै ॥
तुलसी सुनि सौमित्रि-बचन सब धरि न सकत धीरौ धीरै।
उपमा राम-लषन की प्रीतिकी क्यों दीजै खीरै-नीरै ॥

कवितावली : बालवर्णन

अवधेसके द्वारें सकारें गई सुत गोद के भूपति लै निकसे।
अवलोकि हौं सोच बिमाचन को ठगिसी रही, जे न ठगे धिकसे ॥
तुलसी मन-रंजन रंजित-अंजन नैन सुखंजन-जातक से।
सजनी ससिमें समसील उभै नवनील सरोरुह से बिकसे ॥1॥

पग नूपुर औ पहुँची करकंजनि मंजु बनी मनिमाल हिएँ।
नवनील कलेवर पीत झँगा झलकैं-पुलकैं नृपु गोद लिएँ ॥
अरबिंदु सो आननु रूप मरंदु अनंदित लोचन भृंग पिएँ।
मनमो न बस्यो अस बालकु जौं तुलसी जगमें फलु कौन जिएँ ॥2॥

तनकी दुति स्याम सरोरुह लोचन कंजकी मंजुलताई हरैं।
अति सुंदर सोहत धूरि भरे छबि भूरि अनंगकी दूरि धरैं॥
दमकैं दँतियाँ दुतिदामिनी ज्यौं किलकैं कल बालबिनोद करैं।
अवधेस के बालक चारि सदा तुलसी-मन-मंदिर में बिहरैं॥3॥

कबहूँ ससि माँगत आरि करैं कबहूँ प्रतिबिंब निहारि डरैं।
कबहूँ करताल बजाइकै नाचत मातु सबै मन मोद भरैं॥
कबहूँ रिसिआइ कहैं हठिकै पुनि लेत सोई जेहि लागि अरैं।
अवधेस के बालक चारि सदा तुलसी-मन-मंदिर में बिहरैं॥4॥

बर दंतकी पंगति कुंदकली अधराधर-पल्लव खोलन की।
चपला चमकैं घन बीच जगै छबि मोतिन माल अमोलन की॥
घुँघुरारि लटैं लटकैं मुख ऊपर कुंडल लोल कपोलन की।
नेवछावरि प्रान करै तुलसी बलि जाउँ लला इन बोलन की॥5॥

पदकंजनि मंजु बनी पनहीं, धनुहीं सर पंकज-पानि लिएँ।
लरिका सँग खेलत डोलत हैं सरजू-तट चौहट हाट हिएँ॥
तुलसी अस बालक सौं नहिं नेहु कहाँ जँप जोग समाधि किएँ।
नर वे खर सूकर स्वान समान कहौ जग में फलु कौन जिएँ॥6॥

सरजू बर तीरहिं तीर फिरैं रघुबीर सखा अरु बीर सबै।
धनुहीं कर तीर, निषंग कसैं कटि पीत दुकूल नबीन फबै॥
तुलसी तेहि औसर लावनिता दस चारि नौ तीन इकीस सबै।
मति भारति पंगु भई जो निहारि विचारि फिरी उपमा न पबै॥7॥

टिप्पणी

रामचरितमानस–लंका काण्ड : अंगद-दौत्य

(1) समुद्र संतरण के पश्चात् रावण पर विजय हेतु युद्ध के उपायों पर

विचार करने के लिए राम ने अपने मांत्रिकों से परामर्श किया। निश्चय हुअ कि आक्रमण से पूर्व अंगद को दूत के रूप में रावण को समझाने भेजा जाए

इहाँ = यहाँ राम और उनकी सेना जहाँ डेरा डाले थी; पठाइअ = भेजा जा बालिकुमारा = बालि के पुत्र = अंगद; नीक = अच्छा, भला; सन = से; क = कहा; मैं जानत अहऊँ = मैं जानता हूँ; काजु हमार तासु हित होई = हमा कार्य सिद्धि और उसका (रावण का) हित हो; बतकही सोई = वही वार्ताला परस्पर अपनत्वपूर्ण ढंग से बात करना—बतकही; करहु = करें—मध्यकाली काव्य भाषा में विधि के लिए आज्ञाकाल की क्रिया प्रयुक्त मिलती है—'बस रामसिय मानस मोरे', 'मेरी भव बाधा हरौ' आदि में यही प्रयोग है।

(2) प्रभुताई = प्रभु राम की महिमा; वंका = <वक्र, टेढ़ा, वीर; खेलत र = खेलता था, होइगै = हो गई; करष = कर्ष, हाथापाई, लड़ाई; पटकेउ भू भवाँई = भूमि पर घुमाकर पटक दिया; निकर = समूह; चले = भागे; मर = मर्म, रहस्य, कारण—भागने का कारण—वानर (हनुमान जो पहले आ चु थे) का आतंक; मझारी = में, मध्य; अब धौं = अब भला; सभा दरबार = राव की सभा के द्वार पर, सिंह ठवनि = सिंह के समान खड़े होने का ढंग।

(3) पठावा = भेजा गया; आनहु बोलि = बुलाकर लाओ; नेकु न मुरा = तनिक भी नहीं झुका—निर्भय होकर, गर्दन ऊँची करके; पंचानन = सिंह; सभ = सभा में।

(4) कह = कहता है; कवन = कौन; रही मिताई = मित्रता थी; पुलरि = इम नाम के ऋषि जिनका नाती रावण था; नृप अभिमान मोह बस कि = राजाओं जैसे अभिमान अथवा मोह के वश होकर; हरि आनिहु = हरण कर ले आया; छमिहि = क्षमा करेंगे; दसन गहहु तृन कंठ कुठारी = (अपना) कण काटने वाले—आत्मघाती, तुम, दाँतों में तृण दबाओ (शरण माँगने की मुद्रा में करि = करके; प्रनतपाल = शरणागत का पालन करने वाले; आरत गिरा = आर्त्तवाणी, दीन वचन।

(5) कपि पोत = वानर पुत्र, संभारी = सँभलकर होश में रहकर; मानि (तेरे द्वारा) मानी जाती है; भई ही = हुई थी; जायहु = पैदा हुआ; कहायहु =

हलाया; बालि पहँ जाई = (तू) बालि के पास जाएगा—मरेगा; उरलाई = हृदय लगाकर; सत्य = सच बात है (कि हम कुल नष्ट करने वाले हैं और तू अपने ;ल का पालन करने वाला है); अंधउ बधिर...तव बीस = अन्धे और बहरे भी सा नहीं कहते, तेरे तो बीस-बीस आँख-कान हैं।

(6) समुदाई = समूह, भीड़; अइसिहुँ मति उर बिहर न तोरा = ऐसी समझ ते हुए भी तेरा हृदय न फटा। नयन तरेरी = आँखें चढ़ाकर; नीति धर्म = दूत को न मारने की) राजनीति और राजधर्म; कह = कहा; कृत = किया आ—तुम्हारे द्वारा पराई स्त्री की की हुई चोरी हमने भी सुनी है। देखी नयन त रखवारी = तुम्हारे द्वारा दूत की रक्षा करना भी देखा है—हनुमान के साथ कया गया व्यवहार जानता हूँ; जनि जल्पसि = डींग मत हाँक; लोकपाल ल... सब राहु = देवताओं के बल रूपी चन्द्रमा को ग्रसने के लिए सभी (मेरी ोस भुजाएँ) राहु हैं। नभसर = आकाश रूपी सरोवर; मम कर निकर कमलन्हि र = मेरी भुजाओं के समूह रूपी कमलों पर; मरालइव = हंस की भाँति।

(7) माझ = मध्य में; भिरिह = भिड़ेगा, लड़ेगा; कवन = कौन, बद = कहो; कूलद्रुम = (नदी) किनारे का वृक्ष जो किसी भी समय गिर सकता है। ुम्ह सुग्रीव = तुम्हारा (राजा) सुग्रीव; अनुज हमार = हमारा भाई—विभीषण; मरारूढ़ा = युद्ध के लिए संनद्ध; सिल्पि कर्म = वास्तु शिल्प—आर्किटेक्चर; ल नीला = नल और नील नामक दो वानर जिन्होंने समुद्र पर सेतु बाँधा था; कीस = वानर; अल्पकपि = छोटा (क्षुद्र) वानर; केर = का; धावन = समाचार हुँचाने वाला दूत – सं. धाव् = दौड़ना—सेवक; चलइ बहुत सो वीर न होई = वह चलता तो खूब है (परन्तु) वीर नहीं है; पहिं = पास, पर; रहा लुकाय = छिप गया है; कोह = क्रोध; सोह = शोभा पाता है; करिअ = किया जाए; आहि = है; मेडुकन्हि = मेंढकों को; छत्र जाति = क्षत्रिय जाति; सड़सिन्ह = सँडासियों से; दसमौलि = दस सिरवाला—रावण; वक्र उक्ति धनु...भट दस-सीस = वक्रोक्ति (कटूक्ति) रूपी धनुष से वचन रूपी (अग्नि) बाण छोड़कर वानर ने शत्रु का हृदय जला दिया। इस वचन रूपी (आग में तपे लाहे के) वाणों को रावण मानो प्रत्युत्तर रूपी सँडासियों से खींचकर निकालता है। आग में तपने पर लोहा सँडासी से निकाला जाता है।)

(8) परिहरि लाजा = लज्जा छोड़कर; धर्म निपुनाई = स्वामिभक्ति के ध
की निपुणता; कहसि = तू कहता है; बिधंसि = विध्वंस करके; कृत = किय
माखा = क्रोध; जौं असि·····कीसा = (तेरी) जो ऐसी बुद्धि है (तभी तो) रे वान
तूने (अपने) पिता को (बालि) खा लिया; बालि बिमल...अभिमानी = बालि व
विमल यश का पत्र (भाजन) जानकर (तुझ) अधम अभिमानी को नहीं मारत
हूँ—छोड़े देता हूँ। बालि ने रावण को अपनी बगल में दबा रखा था। इसलि
बालि के यश का पात्र रावण हुआ। जितन = जीतने के लिए; हयशाला =
घुड़साल; एक कहत मोहि सकुच अति = एक (रावण) के बारे में कहते मुझे
बड़ा संकोच होता है।

(9) हरगिरि जान जासु भुजलीला = शिव के पर्वत (कैलास) को (उठाना
जिसकी भुजाओं की लीला (क्रीड़ा) समझ; सुराई = शूरता; बरिआई = बलपूर्वक
जबरदस्ती; जिन्ह के दसन...इव टूटे = जिन दिग्गजों के कराल दाँत किसी
अन्य व्यक्ति या वस्तु से लड़ने पर नहीं फूटे वे मेरी कठोर छाती से लगकर मूली
(मूलक) के समान टूट गए हैं। अलीक = अलीक पर चलने वाला; खर्ब =
छोटा, क्षुद्र।

(10) खर = प्रखर, तेज; सठ बंगा = अशिष्ट, अमर्यादित; धन्वी कामु नदी
पुनि गंगा = (कहीं) कामदेव (पुष्प धनुष धारण करने वाला) धनुर्धर और गंगा
(साधारण) नदी है। पसु सुरधेनु...उपलदसानन = रे रावन, सुन! क्या कामधेनु
साधारण पशु है, कल्पवृक्ष साधारण वृक्ष है, अन्न खिलाना दान है, (फलों आदि
का) रस अमृत है, गरुड़ (वैनतेय = विनता के पुत्र) साधारण पक्षी हैं, शेषनाग
साधारण सर्प है; और (पुनि) चिन्तामणि साधारण पत्थर है। भगति अंकुठा =
अकुण्ठित भक्ति से—एकनिष्ठ भक्ति; मानमथि = (तेरे) अभिमान का मंथन
(चूर) करके; कस = कैसा।

(11) चतुराई = चतुरता—अपने बल विक्रम का वर्णन करके राम से
आतंकित होने के भाव को छिपाने की चतुराई। भजसि न = (क्यों) नहीं भजता
है; जनि मारसि गाला = गाल मत बजा, डींग मत हाँक; बयर = वैर, शत्रुता;
चौगान = चौगान का खेल; कोपिहि = कुपित होगा; तब कि चलिहि अस गाल

तुम्हारा = तब क्या तुम्हारा गाल ऐसा चलेगा—ऐसी डींगें हाँक सकेगा—गाल के साथ 'बजाना', 'मारना', 'चलना' आदि क्रियाओं के योग से अवधी में मुहावरा बनता है। परजरा = प्रज्वलित हुआ—जलभुन गया; सक्रारि = शक्र (इन्द्र) का शत्रु इन्द्रजित; झारि = समस्त।

(12) साखामृग = वानर; सहाई = सहायता से, जोरि = सेना, समूह, इकट्ठा करके; नाघहिं = उल्लंघन करते हैं, पार करते हैं; नीर भरावा = पानी भराया—मुहावरा—अधीन बना लिया; भूप = (साधारण) राजा; बसीठ = दूत; हरगिरि मथन = कैलास को मथने वाली – बोझ के दर्प का मंथन करने वाली; हुने अनल = अग्नि में हवन कर दिए।

(13) जरत बिलोकेउँ...जरठ मति भोरे = (पिछले दोहे में रावण ने कहा है कि मैंने अपने हाथ से अपने सिर काटकर हर्षित मन से अग्नि में हवन कर दिया है) जब मैंने अपने सिरों को जलते हुए देखा और अपने मस्तक पर ब्रह्मा के लिखे भाग्य अंक देखे, मैं मनुष्य के हाथों अपना वध पढ़कर ब्रह्मा की इस वाणी (लिपि) को असत्य समझकर हँसा। यह जानकर भी मेरे मन में त्रास नहीं उत्पन्न हुआ। मैंने समझा कि ब्रह्मा बूढ़ा है और उसकी मति भ्रष्ट हो गई है इसलिए ऐसा लिखा है। बीरबल = वीर का बल; सठ = दुष्ट; लाजपति त्यागे = लज्जा और मर्यादा छोड़कर; सिर अरु सैल कथा = शिव को सिर अर्पण करने और कैलास पर्वत उठा लेने की कथा; बारबीस = बीसों बार – अनेक बार; सो भुजबल राखेउ उर घाली...बलि बाली = उस भुजबल को हृदय में तूने डाल रखा है—उस भुज बल का भरोसा हृदय में कर लिया है तभी तो तूने सहस्रबाहु, बलि और बालि को जीता है—रावण इन तीनों से हारा था इसलिए अंगद व्यंग्य करता है। काऊ = कभी; देहि अब पूरा—अब तू अपनी बात को प्रमाणित कर—अवधी का मुहावरा—बात को पूर देई—बात का प्रमाण कौन देगा। इन्द्रजालि = इन्द्र जाल (जादू) करने वाला; भार बहहिं खर बृंद = गधों का समूह बोझ ढोता है।

(14) बतबढ़ाव = बहस – अवधी का विशिष्ट प्रयोग; पठायउँ = भेजा गया हूँ—गजारि = सिंह – गज का शत्रु; सृकाला = शृगाल, सियार—कायर;

बरजोरा = बलपूर्वक, जबरदस्ती; सूनें हरि = सूने में हरण करके; रघुपति सेवक कर दूता = राम के सेवक (सुग्रीव) का दूत हूँ।

(15) जौं अस करौं = यद्यपि ऐसा करूँ (कर सकता हूँ); मनुसाई = पुरुषार्थ, पौरुष; कौल कामबस कृपिन...सव सम चौदह प्रानी = कौलमताव लम्बी–वाममार्गी, कामी, कंजूस, मूर्ख, अति दरिद्र, बदनाम, अति बढ़े, नित्यरोगी, सदैव क्रोध करने वाला, विष्णु का विरोधी, उदासीन, वेदों और सन्तों का विरोधी, केवल अपने शरीर का पोषक, निन्दक और पापी ये चौदह प्रकार के प्राणी शव के समान रहकर जीते हैं–मरने के समान हैं। अधर दसन दसि मीजति हाथा = दाँतों से अधरों को काटकर हाथ मलता है (दंश् > दस); कटु जल्पसि = कटु वचन बोलता है और डींग हाँकता है; अगुन = गुण हीन; अमान = मान शून्य; तजि टेक = प्रण (हठ) छोड़कर।

(16) गोघात = गोहत्या; तमकि = क्रोध करके; खसे = गिर पड़े; भय मारुत ग्रसे = भय की हवा से ग्रस्त; गिरत = गिरता हुआ; सिरन्हि = सिरों पर; पवारे = फेंके–प्रवारण; लूक परन = तारों का टूटना, उल्कापात (उल्का < लूक); कुलिस = वज्र; की = या तो; लूक न असनि केतु नहिं राहू = न तो लूक हैं न वज्र न केतु हैं न राहु–अंगद ने चार मुकुट फेंके थे। चारों के लिए चार शब्द, किरीट = मुकुट; बलितनय = बालि के पुत्र–अंगद; के प्रेरे = के द्वारा फेके गए; तरकि = कूदकर; धरहु = पकड़ो; धरिमारहु = पकड़ कर मारो।

गीतावली : लक्ष्मण-मूर्छा

(1) उरलाय लये हैं = हृदय से लगा लिया है; तए हैं = तप्त हो गए हैं; गुथए हैं = गुँथे हुए हैं; सेवक-सखा-भगति-भायप गुन = सेवक सखा भक्ति और भ्रातृत्व के गुण (लक्ष्मण के); अथए चाहत हैं = अस्त होना चाहते हैं; करतूति = कर्त्तृत्व; जए हैं = जीत लिया है; अपने अपलोक = अपने लिए अपकीर्ति; मेरे पन = मेरे प्रण–शरणागत (विभीषण) की रक्षा का प्रण; सीपर = ढाल; पवनसुत-विधि...नये हैं = मानो हनुमान रूपी ब्रह्मा ने (औषधि सहित) आकर (लक्ष्मण का) नए सिरे से निर्माण कर दिया है (जीवित कर दिया है)।

(2) श्रीराम का कथन। मो पै = मुझ से, मेरे द्वारा; ओर निबाहि = अन्त तक निर्वाह करके; भायप = भ्रातृत्व; कुलिस कठिनता पाई = वज्र ने काठिन्य प्राप्त किया है; न जाई = न पड़ी, न गई–जा का भूत. ऐसा प्रयोग प्राप्त नहीं होता; भुज दाहिनी = दायाँ हाथ–भाई।

(3) श्रीराम का कथन। बंधु बाहु = भाई रूपी भुजा; हिए हारे = हृदय हार बैठे–व्याकुल हो गए; प्रचारे = ललकारा–उत्तेजित किया।

(4) हनुमान का कथन। अनुसासन = आज्ञा; निचोरि चैल ज्यौं = वस्त्र के समान निचोड़कर; व्यालावलि = सर्पों की सेना (अमृत की रक्षा करने वाले); भेदिभुवन करि...अनुग कहावौं = भुवनकोश (ब्रह्माण्ड) को तोड़कर सूर्य को बाहर निकाल (फेंकूँ) लूँ और (उस छिद्र पर) तुरन्त राहु को रखकर उसे मूँद दूँ (तावौं) (जिससे सूर्य वापस न आ सके और प्रातःकाल न हो जिससे लक्ष्मण के प्राण न जाएँ)। देवताओं के वैद्य–अश्विनीकुमारों को जबरदस्ती पकड़कर ले आऊँ तभी अपने प्रभु का सेवक कहलाऊँ।

(5) सत्य = (तुम्हारा कथन) सत्य है; बलऐन = बल के धाम; मूलिका = संजीवनी मूल, कालनेमि = कालनेमि नामक राक्षस जिसे रावण ने हनुमान को रास्ते में रोक लेने के लिए भेजा था; द्रोनाचल = द्रोण पर्वत जिस पर संजीवनी लगी थी; जरी = जड़ी (बूटी); कुधर = पर्वत; सपदि = शीघ्रता से; जोहारे = प्रणाम किया; ठौर ही राखि = अपने स्थान पर रखकर; बिबुध = देवता; निसान = नगाड़ा; रोर = हाहाकार।

(6) कुधर = पर्वत (कु = धरती + धर = धारण करने वाला); सरिस = समान; बियो = दूसरा; देखत जात...हयो हियो है = (उस समय नंदिग्राम में रह रहे भरत ने) जाते हुए देखा और उसे निशाचर जानकर बिना फल के वाण से हृदय पर प्रहार किया; पवन राख्यो गिरि – पवन (पुत्र) ने पर्वत को रोक लिया (अयोध्या की रक्षा करने के लिए–अगर उनके हाथ से छूट जाता तो अयोध्या नष्ट हो जाती); पुर तेहि तेज पियो है = पुर (अयोध्या) ने मानो उनका (हनुमान का) तेज पी लिया है; दुख लघु...जियो है = लक्ष्मण मर्माहत हुए हैं यह सुनकर तो भरत को दुख कम हुआ किन्तु वानर (हनुमान) जिन्दा हैं यह

देखकर सुख बहुत हुआ; आयसु इतहि...जात सियो है = उस समय भरत की यह दशा हुई कि इधर तो अयोध्या में रहने की राम की आज्ञा है और उधर स्वामी पर संकट आया है, ऐसे में कुछ करते नहीं बनता मानो आकाश फट गया हो तो वह किस प्रकार सिला जा सकता है? अर्थात् सिला नहीं जा सकता।

(7) वाण के आघात से मूर्च्छित हनुमान ने जब आँख खोलकर देखा। कपट ठयो है = कपट किया है; नयो है = नमित होता है; गहरु भो = विलम्ब हुआ, देर हुई; तेहि ताप तयो है = (सारे समाचार सुनकर भरत) संताप से तप्त हो गए; बिसिष = वाण; हरि हिय = वानर के हृदय में; गरब गूढ़ उपयो है = गुप्त गर्व का उदय हुआ—गर्व इसका कि पर्वत सहित मुझ जैसे का भार वाण कैसे उठा पाएगा; तीर तें उतरि = वाण से उतरकर—जब हनुमान ने देखा कि मेरा गर्व व्यर्थ था तो वाण से उतर कर भरत के यश का गुणगान करना चाहा; जयौ है = जीत लिया है; रयौ है = मग्न हो गए; यह जलनिधि खन्यो...कवि पार गयो है = तुलसीदास कहते हैं कि इस दृश्यमान समुद्र को तो (सगर पुत्रों ने) खोदा है, (हनुमान ने) लाँघा है, (देवताओं ने) मथा है, (नल नील ने) बाँधा है, (अगस्त्य ऋषि ने) आचमन किया है—पी लिया है (लेकिन) राम के भाई भरत की महिमा के समुद्र को तैर कर कौन कवि पार गया है?—भला मैं उस महिमा का वर्णन कैसे कर सकता हूँ?

(8) हनुमान द्वारा भरत का यशोगान। कृपान धार मग चलि आचरत बरत को = कृपाधार रूपी भक्ति के मार्ग पर चलकर (प्रेमव्रत का) आचरण कौन करता; धीरज धरम...धरत को = धीरज और धर्म का बोझ जो पर्वतों के बोझ से भारी है (धरनीधर धुरहूँ ते गुर) ऐसे बोझ को पृथ्वी पर कौन धारण करता? धुर = बोझ; अघ – पाप; सिवहि न सुगम = शिव को भी सुलभ नहीं है; सुजननि = सत्पुरुषों के लिए; सृजि = सृजन करके, रोपकर; अभिमत फरनि फरत को = वांछित – इष्ट विचार रूपी फल कौन उत्पन्न करता।

(9) जब सुमित्रा ने लक्ष्मण के युद्ध में घायल होकर गिरने का समाचार सुना। सुभट सों = वीर (मेघनाद) से; लोहे = लोहा लिया है; सुवन लोक संताप...होत हरे हैं = सुमित्रा को पुत्र के घायल होने का शोक (तो) है (लेकिन)

उसने राम की भक्ति का वरण कर लिया है इसका सन्तोष है। उनके अंग क्षण-क्षण शोक से सूख जाते हैं लेकिन तत्काल ही उल्लसित होकर हरे-भरे हो जाते हैं; सुभाय = सहज भाव से; अंबक = आँखें; अंबु = पानी—आँसू; रघुनंदन बिनु बंधु...दूसरे हैं = रघुनंदन इस कुअवसर (रावण से युद्ध के) पर बंधु विहीन हो गए यद्यपि धनुष (उनके हाथ में) है—भाव यह कि यद्यपि धनुष रहते राम को दूसरे किसी की सहायता की आवश्यकता नहीं। रिपुसूदन = शत्रुघ्न; प्रमुदित पुलकि...ढरे हैं = शत्रुघ्न (यह आज्ञा सुनकर) प्रमुदित और पुलकित हुए मानो दैवयोग से उनका पूरा दाँव (पैंत पूरे) पड़ गया है (सुढरि ढरे है) : अंब अनुजगति = माता सुमित्रा और भाई शत्रुघ्न की दशा; पवनज=पवन पुत्र; गलानि भरे हैं = ग्लानि से भर गए हैं—माता का हर्ष-विषाद के कारण आज्ञा देना और शत्रुघ्न का हनुमान के साथ जाने को तत्पर होना देख कर कि इससे राम की आज्ञा—भरत-शत्रुघ्न को अयोध्या में रहकर प्रजा का पालन करना है, भंग होती है, भरत और हनुमान चिन्ता ग्रस्त हो गए। इस चिन्ता और ग्लानि को देखकर माता सुमित्रा ने सबको समझाकर सचेत किया।

(10) भरत हनुमान से कहते हैं। सुनायबी परि पाय = पैरों पड़कर विनय सुनाना; सुचि सुमति सुहृद = शुद्धचित्त, शुद्धमति और सुहृद; सुभाय = स्वभाव से ही, सहज ही, हौं जड़ = मुझ जड़ बुद्धि को; समौ पाई = अवसर पाकर भी; घट्यो तौ न सहाय = (उनकी) सहायता में न आ सका; रहि ज्यौ गुड़ी बिनु बाय = जैसे पतंग बिना वायु के रह जाए; कहिबो = (तुम) कहना—माताएँ कहती हैं; कठिन मानस माय = कठोर मन (हृदय) वाली माताओं ने; लाल! लोने...लागत नाँय = हे लाल (राम), तुम्हारा नाम (नाँय) सुन्दर (लोने) लक्ष्मण के (नाम के) साथ ही सुन्दर लगता है—तात्पर्य कि राम नाम की सार्थकता लक्ष्मण नाम की समस्त स्थिति (द्वन्द्व) में ही है (बन्धु प्रेम का प्रमाण) अतः अकेले अपना नाम लेकर न लौट आना—**लक्ष्मण** को जीवित वापस लाना। लषन कुठाय = लक्ष्मण का मर्माहत होना; **तपत** तुलसी...तिहुँ ताय = (यह सब देखकर) सूर्य को त्रास देने वाले हनुमान (बचपन में सूर्य को लील लिया था) इन तीन प्रकार के (भाइयों के प्रेम, माताओं के स्वभाव और लक्ष्मण के आहत

होने से प्राप्त) तापों से तपते हैं।

(11) संजीवनी उपचार से स्वस्थ लक्ष्मण का कथन। रघुबीरै = रघुवीर को; मोहि कहा बूझत...कांति मोल हीरै = (लक्ष्मण ने कहा) मुझसे आप सब बार-बार क्या पूछते हैं? जैसे तोते से उसको सिखाए हुए पाठ के अर्थ की चर्चा की जाए—तोता केवल पाठ पर ध्यान देता है, अर्थ पर नहीं। लक्ष्मण का आशय है कि मुझे केवल राम की आज्ञा से मतलब है, आज्ञा-पालन में उत्पन्न कष्टों से नहीं। हीरे की शोभा सुख-हानि-लाभ तो राजा के लिए हैं हीरे के लिए नहीं, हीरे की तो केवल कांति और मूल्य ही होता है। धीरौ = धैर्यवान् भी; क्यों दीजै खीरै नीरै = नीर-क्षीर से कैसे दी जाए।

कवितावली : बाल-वर्णन

(1) एक सखी दूसरी से कहती है। अवधेस के द्वारे = राजा दशरथ के महल के द्वार पर; सकारें = सबेरे; सुत गोद कै = गोद के पुत्र को—जो गोद में रहता हो—शिशु; सोचविमोचन = चिन्ता दूर करने वाले; ठगि-सी रही = ठगी-सी रह गई; धिक से = धिक्कार करने के समान है; रंजित अंजन नैन = काजल लगी आँखें; सुखंजन जातक से = खंजन पक्षी के बच्चे के समान कोमल; सजनी = हे सखी—सम्बो. समशील = समान गुणधर्म वाले। चतुर्थ चरण में उत्प्रेक्षा।

(2) नूपुर = पायल—पैरों का जेवर जो छोटे बच्चों को भी पहनाया जाता है; पहुँची = हाथ में पहनने का जेवर; मनिमाल = मणियों की माला; हिएँ = हृदय में, कष्ठ में; झँगा = शिशुओं को पहनाने का वस्त्र—झँगला; मरंदु = मकरन्द; लोचन भृंग = नेत्र रूपी भँवरे।

(3) स्याम सरोरुह = नील कमल; मंजुलताई = सौन्दर्य; हरैं = हरण करते हैं; भूरि = अत्यधिक; अनंग = कामदेव; दुति = द्युति, प्रकाश, कान्ति; कल = सुन्दर; बिहरैं = विहार करते हैं, खेलते हैं।

(4) आरि करैं = अड़ जाते हैं, हठ करते हैं; करताल = ताली—ताड़ी; रिसिआइ = नाराज होकर; जेहिलागि = जिसके लिए; औरैं = अड़ते हैं।

(5) बरदंत की पंगति = श्रेष्ठ (चमकते हुए) दाँतों की पंक्ति; अधराधर = दोनों होंठ; चपला = बिजली; अमोलन की = अमूल्य; लोल कपोल = सुन्दर गाल; नेवछावरि प्रान .करै = प्राण निछावर करता है; बोलनि की = तोतले बोल—वचन।

(6) पद कंजनि = चरण कमलों में; पनहीं = जूतियाँ; धनुही सर = छोटे धनुष और बाण; पंकजपानि = कर कमलों में; लरिका सँग = बच्चों के साथ; चौहट = चौराहे; हाट = बाजार, हिएँ = हृदय में—तुलसी के हृदय में; कहा = क्या; खर सूकर स्वान समान = गधों, सुअरों और कुत्तों के समान नीच।

(7) सरजूबर तीरहिं तीर = सरयू के श्रेष्ठ (सुन्दर) किनारे-किनारे; फिरैं = घूमते हैं; बीर = भाई—भरत, लक्ष्मण, शत्रुघ्न; निषंग = तरकश—बाण रखने का पात्र; दुकूल = वस्त्र; फबै = शोभायमान होता है; औसर = अवसर, समय; लावनिता = लावण्य, शोभा—लावनिता < लावण्य—ता—लावण्य स्वयं भाववाचक है। उसमें भाववाचक प्रत्यय—ता व्यर्थ है लेकिन यह अवधी की प्रकृति में घुला हुआ तत्त्व है। दसि चारि नौ तीन इकीस = संख्यावाचक शब्द— : 10, 4, 9, 3, 21; मति भारति पंगु...उपमा न पबै = भारती की बुद्धि विचारपूर्वक खोजने पर भी उपमा न पा सकने पर पंगु (कुण्ठित) हो गई। 10, 4, 9, 3, 21 का अलग-अलग टीकाकारों ने भिन्न अर्थ किया है :

गीता प्रेस पाठ : 1. चौहदों भुवन (10 + 4 = 14) नवों खण्ड, तीनों लोक और इक्कीसों ब्रह्माण्ड में घूमकर देखने पर।

2. शारदा उपमा खोजने के लिए दस यामल तन्त्रों, चार उपवेदों, नव व्याकरणों, तीन वेदों और इक्कीस ब्रह्माण्डों में घूमी।

ना. प्र. सभा पाठ : माधुर्य्य के दस गुण—रूप, लावण्य, सौन्दर्य, माधुर्य्य, सौकुमार्य, यौवन, सुगन्ध, सुवेष, स्वच्छता और उज्ज्वलता।

प्रताप के चार गुण—ऐश्वर्य, वीर्य, तेज, बल।

ऐश्वर्य के नव गुण—भाग्य, अदभ्रता, नियतात्मता,

वशीकरण, वाग्मित्व, सर्वज्ञता, संहनन, स्थिरता, वदान्यता।

प्रकृति के तीन गुण—सौम्यता, रमणीयता, व्यापकता।

यश के इक्कीस गुण—सुशीलता, वात्सल्य, सुलभता, गम्भीरता, क्षमा (पराक्रम), दया, करुणा, आर्द्रता, उदारता, आर्जव, शरण्यत्व, सौहार्द, चातुर्य, प्रीतिपालकत्व, कृतज्ञता, ज्ञान, नीति, लोकप्रियता, कुलीनता, अनुराग, निर्वण्णता।

भूषण

पूरे रीतिकाल में भूषण का व्यक्तित्व निराला है। जिस युग में कवि सामन्ती दरबारों में आश्रयदाताओं की काम वासनाओं को उत्तेजित करने वाला श्रृंगारिक-काव्य रच कर धन दौलत इकट्ठी कर रहे थे और अपने चारों ओर हो रहे अत्याचार और शोषण से आँख मूँदे हुए थे उस युग में शिवाजी और छत्रसाल जैसे राष्ट्रनायकों के यशोगान को उन्होंने अपने काव्य का विषय बनाया।

भूषण का जन्म 1613 में कानपुर के निकट यमुना नदी के किनारे स्थित त्रिविक्रमपुर नामक स्थान पर हुआ। विद्वानों ने अनेक प्रमाणों के साथ यह सिद्ध किया है कि चिन्तामणि, मतिराम, भूषण और जटाशंकर, चार भाई थे और चारों ही कवि थे। कहा जाता है कि भूषण अपने एक भाई चिन्तामणि के साथ औरंगजेब के दरबार में भी गये थे, परन्तु वहाँ के वातावरण में रुक नहीं सके। वास्तव में भूषण को किसी सच्चे राष्ट्रनायक योद्धा राजा की खोज थी जो शिवाजी के दरबार में जा कर पूरी हुई। अपने अन्तिम दिनों में वे पन्ना नरेश छत्रसाल के दरबार में भी गये। छत्रसाल ने भूषण को मान देते हुए उनकी पालकी को कन्धा दिया था। भूषण की मृत्यु 1717 में हुई।

साहित्येतिहासकार शिवसिंह सेंगर ने भूषण के चार ग्रन्थों का उल्लेख किया है—'शिवराज भूषण हजारा', 'कालिदास हजारा' की तरह अनेक कवियों की कविता का संग्रह हो सकता है। 'भूषण उल्लास' अलंकार ग्रन्थ और 'दूषण उल्लास' काव्य-दोष दर्शन का ग्रन्थ है। इनके अतिरिक्त भूषण की दो अन्य रचनाएँ 'शिवाबावनी' और 'छत्रसाल दशक' 1890 में प्रकाश में आयीं। इनकी न कोई हस्तलिखित प्रति मिली है और न किसी ग्रन्थ में इसका उल्लेख है। 'शिवाबावनी' में कुछ भूषण के छन्द भी रख दिये गये हैं।

'छत्रसाल दशक' में कुछ छन्द भूषण के हैं और कुछ अन्य कवियों के। भूषण का प्रामाणिक ग्रन्थ केवल 'शिवराज भूषण' है। जिंसका रचनाकाल 1673 ई. है। इनकी कविता से प्रसन्न हो कर चित्रकूट के राजा हृदयराम ने इन्हें भूषण की पदवी दी थी, इनका वास्तविक नाम अज्ञात है—

"कुल सुलंक चित्रकूट पति साहस सील समुद्र।
कवि भूषण पदवी दई, हृदैराम सुत रुद्र।"

भूषण के काव्य में राष्ट्रीयता का स्वरूप पर आलोचक नगेन्द्र लिखते हैं—"उन्होंने राष्ट्रीयता की परिभाषा सांस्कृतिक दृष्टिकोण से की है। उनकी वाणी प्रपीड़ित प्रजा के प्रति एक अपूर्व आश्वासन है। चाहे भूषण की कविता में उत्कृष्ट मर्मज्ञ कवि की सूक्ष्म कवित्व कला न हो, किन्तु उनके काव्य में ओज का प्रभावी घोष अवश्य है, जो रग-रग में रक्त का संचार करने में समर्थ है।"

वीररस की कविता में द्वितवर्णों और संयुक्ताक्षरों के प्रयोग की जो परिपाटी चली आ रही थी, भूषण ने उसी का अनुसरण किया। उनकी कविता में अरबी, फारसी, तुर्की के शब्द भी उस काल की अन्य कविताओं की अपेक्षा अधिक पाये जाते हैं मुगलों से युद्ध करते हुए मराठों की भाषा में से ऐसे शब्द आना स्वाभाविक ही था। शिवाजी के शौर्य को शत्रुओं तक पहुँचाने के लिए उनकी भाषा का अधिक प्रयोग उचित ही था।

भूषण का समस्त काव्य मुक्तक काव्य के अन्तर्गत आता है। भूषण की भाषा सामान्यतः ब्रज है। लोकोक्तियों और मुहावरों का प्रयोग अधिक हुआ है। भूषण के काव्य में अनुप्रास, अतिशयोक्ति, यमक, उत्प्रेक्षा, श्लेष तथा रूपक आदि अलंकारों का प्रयोग अधिक हुआ है। छन्द की दृष्टि से कवि भूषण ने रोला, छप्पय, कवित्त, दोहा, हरिगीतिका, सवैया आदि छन्दों का अधिक प्रयोग किया है।

भूषण की कविता का केन्द्रीय विषय शिवाजी की वीरता का वर्णन है जो सच्चाई पर आधारित होने के साथ-साथ राष्ट्र भाव से युक्त होने के कारण जन-जन का प्रिय विषय बना। उसका प्रसिद्ध छन्द है—

'इन्द्र जिमि जंभ पर, बाड़व सुअंभ पर
रावण सुदंभ पर रघुकुल राज है।'

× ×

'तेज तम अंश पर कान्ह जिमि कंस पर
यो म्लेच्छ बंस पर सेर सिवराज है।'

अर्थात जैसे इन्द्र का बादलों पर, बडवानल अर्थात समुद्र की आग का समुद्र के जल पर अधिकार रहता है वैसे ही दम्भी रावण पर राम विजयी हुए थे। इसी क्रम को आगे बढ़ाते हुए अन्त में भूषण लिखते हैं कि जिस तरह अन्धकार पर सर्वत्र प्रकाश का, कंस पर कृष्ण का अधिकार रहता है, वैसे ही म्लेच्छों अर्थात मुगलों पर सदा ही महाराज शिवाजी हावी रहते हैं। भूषण ने दूसरे कवियों से अपने को अलग रखते हुए कहा है कि कलिकाल के कवि आम राजाओं के गुन गाते रहते हैं जबकि उन्होंने शिवाजी का चरित्र-चित्रण करना एक तरह से पुण्य सरोवर में नहा कर पवित्र होना बताया है–

भूषण जे कलि के कविराजन राजन के गुन गाइ नसानी।
पुन्य चरित्र सिवा सरजा सर न्हाइ पवित्र भई पुनि बानी।।

हालाँकि भूषण ने अपने युग की काव्य रीति के माध्यम से जातीय आदर्श प्रतिष्ठित किया है जिससे उनकी प्रतिभा का पर्याप्त अंश अलंकारों के विवेचन पर खर्च हो गया फिर भी उनके कवित्त ओजस्विता और वीरदर्प से भरे हैं। शास्त्रानुसार चतुर्विधि और वीर रूपों–युद्धवीर, दानवीर, दयावीर, धर्मवीर–में शिवाजी की युद्ध और दानवीरता का चित्रण भूषण ने अधिक किया है। इन वर्णनों में परम्परागत चारण शैली के आश्रय के साथ ही भूषण की शैलीगत मौलिकता भी झलकती है। अलंकारों के उदाहरण भाग में सर्वत्र वीर भाव का निर्वाह करना भूषण की काव्य क्षमता का पर्याप्त प्रमाण है। शृंगार का निर्वाह तो उस समय सभी कवि कर ले जाते थे क्योंकि उसकी सुदीर्घ परम्परा थी। लेकिन वीर का निर्वाह करके भूषण ने तत्कालीन काव्यजगत् की एकरसता भंग की। इस प्रयास में यदि वे कुछ अलंकारों के उदाहरणों की संगति लक्षणों से नहीं बैठा सके तो इसकी चिन्ता नहीं की। ऐसी रचनाएँ भी अपनी अर्थ प्रतीति

में सफल और उत्साहवर्धक हैं।

आचार्यत्व और कवि कर्म भूषण की रचना के दो छोर हैं। एक पर वे पूर्णतः सफल हैं तो दूसरे पर पूरी तरह असफल। शिवराजभूषण में पाँच शब्दालंकारों और सौ अर्थालंकारों का विवेचन है। इनमें अनेक लक्षण अशुद्ध हैं। जहाँ ठीक-ठाक हैं, वे उनके भाई मतिराम की रचना 'ललितललाम' का अनुकरण हैं। अनेक उदाहरण लक्षणों से मेल नहीं खाते। 'सामान्य विशेष' और 'भाविक छवि' नाम से दो नए अलंकार देने का प्रयास भी किया गया है। लेकिन ये नवीन अलंकार न होकर क्रमशः अप्रस्तुत प्रशंसालंकार की 'विशेष निबंधना' और भाविक का अंग ही सिद्ध किए गए हैं।

भूषण की भाषा के ओज की प्रशंसा करके भी आचार्य शुक्ल ने उसमें अव्यवस्था, व्याकरण का उल्लंघन, वाक्य रचना की गड़बड़, बिगाड़े हुए शब्द रूप, शब्द गढ़न्त आदि दोष गिनाए हैं। लेकिन भूषण की भाषा पर व्यवस्थित विचार करने से इनमें से अधिकांश का परिहार हो जाता है। भूषण की भाषा 'मिश्रित' भाषा है। इसका ऐतिहासिक कारण है। सामान्य काव्यभाषा ब्रज में तुलसी ने अन्य विभाषाओं के योग से अद्भुत संस्कार उत्पन्न किया था। आगे यह क्रम चलता रहा। अरबी-फारसी की शब्दावली का ग्रहण भी निरन्तर होता रहा। दरबारी वातावरण में खड़ी बोली की रूप और वाक्यगत विशिष्टता ब्रज में समाविष्ट होती रही। भूषण को यही भाषा प्राप्त हुई थी। महाराष्ट्र रचनाभूमि होने के कारण मराठी की विदेशी शब्द ग्रहण की व्यापक प्रवृत्ति ने भी प्रभावित किया, ऊपर से मातृ बोली अन्तर्वेदी अथवा बैसवारी अवधी का संस्कार काम करता रहा। युद्ध प्रसंगों में अपभ्रंश और अपभ्रंशाभास उत्पन्न करने वाली शब्दावली का प्रयोग परम्परा से चला आ रहा था। इन सब कारणों का समग्र परिणाम यह हुआ कि भूषण की भाषा 'मिश्रित' कोटि की सिद्ध हुई। वीर रस का गुण ओज और वृत्ति परुषा है। इस वृत्ति के अनुकूल संयुक्त व्यंजन, रेफबहुलता, द्वित्ववर्ण, मूर्धन्य व्यंजनों आदि का व्यवहार भूषण ने अधिक किया। प्रसिद्ध अमृतध्वनि छन्द में इसकी प्रत्यक्ष उपस्थिति मिलती है। वैसे, शब्दों को भूषण ने तोड़ा-मरोड़ा अवश्य है। फिर भी इस दोष को भूषण की भाषा की पहचान नहीं बनाया जा सकता क्योंकि यह प्रवृत्ति अपवाद स्वरूप दो-एक

कवियों को छोड़कर अन्य प्रायः सभी रीतिकालीन कवियों में मिलती है।

समग्रतः विचार करने पर भूषण उच्चकोटि के कवियों में सिद्ध होते हैं। वीर रस के साथ ही रौद्र, भयानक और अद्‌भुत रसों की अनूठी व्यंजना और विशिष्ट संस्कार युक्त भाषा पर विलक्षण अधिकार भूषण की कविता के मूलभूत गुण हैं। इनकी रचना मध्यकालीन हिन्दू जातीय चेतना का प्रतिबिम्ब है। इसे केवल मध्यकालीन हिन्दू सामन्तवादी राज्येषणा की अभिव्यक्ति कहना ग़लत होगा। प्रत्यक्षतः इसका प्रेरक उपादान शिवाजी छत्रपति का चरित्र है।

संकलन

बिकट अपार भव पंथ के चले को स्रम
हरन करन बिजना से ब्रह्म ध्याइए।
यहि लोक परलोक सुफल करन कोक
नद से चरन हिए आनि कै जुड़ाइए।
अलि कुल कलित कपोल, ध्यान ललति,
अनंद रूप सरित मैं भूषन अन्हाइए।
पाप तरु भंजन, बिघन गढ़ गंजन,
जगत मनरंजन द्विरदमुख गाइए ॥1॥

जै जयंति जै आदि सकति जै कालि कपर्दिनि।
जै मधुकैटभ छलनि देवि जै महिष विमर्दिनि।
जै चमुण्ड जै चंड मुंड भंडासुर खंडिनि।
जै सुरक्त जै रक्तबीज बिड़्डाल बिहंडिनि।
जै जै निसुंभ सुंभद्दलनि भनि भूषन जै जै भननि।
सरजा समत्थ सिवराज कहँ देहि बिजै जै जगजननि॥2।

पावक तुल्य अमीतन को भयो, मीतन को भयो धाम सुधा को।
आनँद भो गहिरो समुदै कुमुदावलि तारन को बहुधा को।
भूतल माहिं बली सिवराज भो भूषन भाषत शत्रु मुधा को।
बंदन तेज त्यों चंदन कीरति सोंधे सिंगार बधू बसुधा को ॥3॥

चंदन मैं नाग, मद भर्‌यो इंद्र नाग, विष
भरो सेसनाग कहै उपमा अबस को।
भोर ठहरात न, कपूर बहरात, मेघ
सरद उड़ात बात लागे दिसि दस को।

शंभु नीलग्रीव, भौंर पुंडरीक ही बसत,
सरजा सिवाजी सन भूषन सरस को।
छीरधि मैं पंक, कलानिधि मैं कलंक, याते
रूप एक टंक ए लहैं न तब जस को ॥4॥

इंद्र जिम जंभ पर, बाड़व सुअंभ पर,
रावन सदंभ पर रघुकुलराज है।
पौन बारिबाह पर, संभु रतिनाह पर,
ज्यों सहसबाह पर राम द्विजराज है।
दावा द्रुम दंड पर, चीता मृगझुंड पर,
भूषन बितुंड पर जैसे मृगराज है।
तेज सम अंस पर, कान्ह जिमि कंस पर,
त्यों मलिच्छ बंस पर सेर सिवराज है ॥5॥

साहि तनै सिवराज भूषन सृजस तव
बिगिर कलंक चंद उर आनियतु है।
पंचानन एक ही बदन गनि तोहि, गजा-
नन गजबदन बिना बखानियतु है।
एक सीस ही सहससीस कला करिबे को,
दुहूँ दृग सों सहसदृग मानियतु है।
दुहूँ कर सों सहसकर मानियतु तोहि,
दुहूँ बाहु सों सहसबाहु जानियतु है ॥6॥

तुम सिवराज ब्रजराज अवतार आजु,
तुमही जगत काज पोषत भरत हौ।
तुम्हैं छोड़ि यातै काहि बिनती सुनाऊँ मैं,
तुम्हारे गुन गाऊँ तुम ढीले क्यों परत हौ।

भूषन भनत वहि कुल मैं नयो गुनाह,
नाहक समुझि यह चित्त मैं धरत हौ।
और बाँभनन देखि करत सुदामा सुधि
मोहिं देखि काहे सुधि भृगु की करत हौ ॥7॥

चमकती चपला न फेरत फिरंगैं भट,
इंद्र को न चाप रूप बैरष समाज को।
धाए धुरवा न छाए धुरि के पटल, मेघ
गाजिबो न बाजिबो है दुंदुभि दराज को।
भौंसिला के डरन डरानी रिपुरानी कहैं,
पिय भजौ देखि उदौ पावस के साज को।
घन की घटा न गज घटनि सनाह साजे,
भूषन भनत आयो सेन सिवराज को ॥8॥

दुरजनदार भजि भजि बेसम्हार चढ़ीं
उत्तर पहार डरि सिवजी नरिंद ते।
भूषन भनत बिन भूषन बसन, साधे
भूषन पियासन, हैं नाहन को निंदते।
बालक अयाने बाट बीच ही बिलाने, कुम्हि-
लाने मुख कोमल अमल अरबिंद ते।
दृगजल कज्जल कलित बढ़्यो-कढ़्यो मानो
दूजो सोत तरनितनूजा को कलिंदते ॥9॥

बासव से बिसरत विक्रम की कहा चली,
विक्रम लखत बीर बखत बुलंद के।
जागे तेज बृंद सिवा जी नरिंद मसनंद
माल मकरंद कुलचंद साहिनंद के।

भूषन भनत देस देस बैरि नारिन मैं
होत अचरज घर घर दुख दंद के।
कनकलतानि इंदु, इंदु माहिं अरबिंद,
झरैं अरबिंदन तै बुंद मकरंद के ॥10॥

उद्धत अपार तब दुंदुभी धुकार संग
लंघे पारा वार बाल बृंद रिपुगन के।
तेरे चतुरंग के तुरंगन के अंगरज
साथ ही उड़ात रजपुंज हैं परन के।
दच्छिन के नाथ सिवराज तेरे हाथ चढ़ैं
धनुष के साथ गढ़ कोट दुरजन के।
भूषन असीसें तोहिं, करत कसीसैं पुनि,
बानन के साथ छूटैं प्रान तुरकन के ॥11॥

मंगन मनोरथ के प्रथमहि दाता तोहिं
कामधेनु कामतरु सो गनाइयतु है।
याते तेरे गुन सब गायको सकत कबि,
बुद्धि अनुसार कछु तऊ गाइयतु है।
भूषन भनत साहि तनै सिवराज निज
बखत बढ़ाय करि तोहि ध्याइयतु है।
दीनता कोडारि औ अधीनता बिडारि दीह
दारिद को मारि तेरे द्वार आइयतु है ॥12॥

गुनन सों इनहूँ को बाँधि लाइयतु पुनि
गुनन सों उनहूँ को बाँधि लाइयतु है।
पाय गहि इनहूँ को रोज ध्याइयतु अरु
पाय गहि उनहूँ को रो ध्याइयतु है।

भूषन भनत महराज सिवराज रस-
रोस तो हिये मैं एक भाँति पाइयतु है।
दोहाई कहे ते कबि लोग ज्याइयतु अरु
दोहाई कहे ते अरि लोग ज्याइयतु है॥13॥

सीता संग सोभित सुलच्छन सहाय जाके,
भू पर भरत नाम भाई नीति चारु है।
भूषन भनत कुल सूर, कुल भूषन हैं,
दासरथी सब जाके भूज भुव भारु है।
अरि लंक तोर, जोर जाके संग बान रहें,
सिंधुर हैं बाँधे, जाके दल को न पारु है।
ते गहि कै भेंटें जौन राकस मरद जाने,
सरजा सिवाजी रामही को अवतारु है॥14॥

पीरी पीरी हुन्न तुम देत हौ मँगाय हमैं,
सुबरन हम सों परखि करि लेत हौ।
एक पलही मैं लाख रूखन सों लेत लोग,
तुम राजा ह्वै कै लाख दीबे को सचेत हौ।
भूषन भनत महराज सिवराज बड़े
दानी दुनी ऊपर कहाए केहि हेत हौ।
रीझि हँसि हाथी हमैं सब कोऊ देत कहा,
रीझि हँसि हाथी एक तुमहिये देत हौ॥15॥

टिप्पणी

(1) भव पंथ = सांसारिक मार्ग, सांसारिकता; करन = करने वाले, कान (<कर्ण); विजना = पंखा, व्यंजन; ब्रह्म = बड़ा–करन ब्रह्म–बड़े-बड़े कान; कोकनद = कमल; जुड़ाइए = शीतल हुआ जाए; अलि कुल कलित कपोल =

भँवरों से विभूषित कपोल, ध्यान ललित = ध्यान करने में सुन्दर; अनन्द रूप सरित = आनन्द रूपी सरिता; अन्हाइए = नहाया जाए; द्विरदमुख = दो दाँत हैं मुख पर जिसके अर्थात् हाथी के मुख वाले–गणेश; गाइए = गाया जाए। गणेश वन्दना का सन्दर्भ।

(2) छप्पय छन्द। इसमें भट्टभणंत शैली (चारण शैली) द्रष्टव्य है–व्यंजन द्वित्व और मूर्धन्य ध्वनियाँ। जयन्ति = जयन्ती–दुर्गा का नाम विशेष; कपर्दिनि = कपर्दिनी; छलनि = (मधु-कैटभ नामक राक्षसों को) छल से मारने वाली देखिए आगे पृष्ठ 106; चंडमुंड = शुम्भ निशुम्भ के दूत जो दुर्गा के पास सन्देश लेकर गए और मारे गए। चमुण्ड = चामुण्डा–देवी का नाम; खंडिनि = खण्ड करने वाली, काटने वाली; रक्तबीज, बिड्डाल = शुम्भ निशुम्भ के सेनापतियों के नाम–दे. आगे पृष्ठ 107। विहंडिनि = विखण्डन करने वाली, नष्ट करने वाली; निसुंभ सुंभद्दलनि = शुम्भ निशुम्भ का दलन करने वाली; भननि = भंजन करने वाली। शक्ति वंदना।

(3) अमीतन कौ = (अ–मीत) शत्रुओं के लिए; धाम सुधा को = अमृत का धाम–चन्द्रमा; आनन्द थो...बहुधा को = (वह चन्द्रमा) कुमुदावली और ताराओं के लिए अनेक प्रकार से (बहुधा) आनन्द का गहरा समुद्र हुआ; भाखत शत्रु मुधा को = शत्रु व्यर्थ (मुधा) ही (उसके बारे में अन्यथा) कहते हैं। वंदन तेज...वसुधा को = (उसका) तेज-प्रताप वंदनीय है, (उसकी) कीर्ति चन्दन के समान है (जो) वसुधा रूपी वधू का सुगन्धित शृंगार है। शिवाजी की वीरता का वर्णन।

(4) नाग = सर्प, नाग; इन्द्रनाग = इन्द्र का हाथी–ऐरावत; कहै उपमा अबस को = (उसकी) उपमा कौन कहे, असमर्थ हैं; भोर ठहरात न = उषाकाल क्षणिक है; बहरात = उड़ जाता है; बात = वायु; नीलग्रीव = विष कण्ठ; पुंडरीक = कमल; याते रूप एक टंक...जस को = इसलिए तुम्हारे यश के स्वरूप को ये (सभी) टका भर भी (थोड़ा भी) नहीं प्राप्त कर पाते। शिवाजी के यश का वर्णन।

(5) जंभ = जृंभासुर नामक राक्षस जिसे इन्द्र ने मारा था; बाड़व सुअंभ पर

= समुद्र पर बड़वाग्नि; बारिबाह = बादल; रतिनाह = कामदेव, राम द्विजराज = ब्राह्मणों में श्रेष्ठ राम—परशुराम; दावा द्रुम दण्ड पर = जंगल पर दावाग्नि; बितुंड = हाथी, मृगराज = सिंह; तेज तम अंस पर = अन्धकार पर सूर्य; मलिच्छ = म्लेच्छ, मुसलमान। वीरता, आतंक का वर्णन।

(6) साहि तनै = शाह के पुत्र; भूषन = कवि नाम; आभूषण = (सुयश रूपी आभूषण); तव = तुम्हारा; बिगिर कलंक = कलंक के बगैर; उर आनियतु है = मेरे द्वारा हृदय में (ऐसा) सोचा जाता है; पंचानन...तोहि = एक ही मुख के रहते तुम्हें शिव गिना जाता है, गजानन...बखानियतु है = गज जैसे मुख के बिना तुम्हें गणेश बखाना जाता है; एक सीस...करिबे कौ = एक सिर रहते हुए सहस्र सिर वाले शेषनाग की भाँति आश्चर्यजनक कार्य (कला) करने के लिए समर्थ हो अर्थात् धरती (प्रजावर्ग) का भार उठाने में सक्षम हो; दुहूँ दृग सौ...मानियतु है = दो ही आँखें रहते तुम्हें सहस्राक्ष—इन्द्र माना जाता है अर्थात् इन्द्र की भाँति ऐश्वर्य और पराक्रम शाली समझा जाता है; दुहूँ कर...मानियतु तोंहि = दो ही हाथ रहते सहस्रकर—सूर्य माना जाता है—तेजवान; दुहूँ बाहु... जानियतु है = दो ही बाँहों से तुम्हें सहस्रबाहु जाना जाता है—बलशाली। यहाँ 'कर' और 'बाहु' का एक ही अर्थ होने से भाव की पुनरुक्ति हो गई है फिर भी अप्रस्तुत—सूर्य और सहस्रबाहु भिन्न हैं। शिवाजी का यशोगान।

(7) ब्रजराज = कृष्ण, विष्णु—अन्तिम चरण में सुदामा और भृगु की अन्विति क्रमशः कृष्ण और विष्णु से बैठती है। तुमही जगत...भरत हौ = तुम्हीं जगत् के निमित्त (काज) भरण और पोषण करते हो; तुम ढीले क्यों परत हौ = तुम (मेरे प्रति) शिथिल (उदासीन) क्यों पड़ रहे हो; वहिकुल = उस (ब्राह्मण—याचक) कुल; नयौ गुनाह = नया अपराध—याचना न करने की आदत (भूषण का अपने सम्बन्ध में कथन); नाहक = व्यर्थ; बाँभनन = ब्राह्मणों को; सुदामा सुधि = सुदामा का स्मरण—दया विगलित होते हो अथवा उन्हें दया का पात्र समझते हो, सुधि भृगु की = भृगु ऋषि का स्मरण—क्रोध में भस्म होते हुए मनुष्य का स्मरण। मुझे देखकर तुम्हें भृगु की याद क्यों हो आती है—मुझसे रुष्ट क्यों होते हो?—(भृगु ऋषि ने एक बार क्रुद्ध होकर विष्णु के हृदय पर लात

मारी थी।) दानशीलता में उदासीन होने पर उपालम्भ।

(8) चपला = बिजली; फिरंगै = तलवारें—फिरंग (विदेश) में बनी तलवार विशेष के लिए शब्द जो कालक्रम में तलवार मात्र के लिए रूढ़ हो गया; इंद्र चाप = इन्द्र धनुष; बैरष समाज = पताकाओं का समूह; धुरवा = बादल; गाजिबो = गर्जन करना; दराज = बड़ी (दुन्दुभी); भौंसिला = भोंसला वंश में जन्मे शिवाजी; उदौ पावस के साज को = वर्षा ऋतु की सज्जा का उदय अर्थात् घटाएँ; गज घटनि सनाह साजे = लोहे की झूलें (सनाह) साजे हाथियों का समूह। शिवाजी की सेना का आतंक।

(9) दुरजनदार = दुर्जनों (शत्रुओं) की पत्नियाँ; बेसम्हार = (अ को) बिना सँभाले हुए; नरिंद = नरेन्द्र; भूषन = कवि नाम; भूषन बसन = आभूषण और वस्त्र; नाहन को निंदते = (अपने) पतियों (नाथों) को निंदते हुए; अयाने = छोटे; बिलाने = खो गए, नष्ट हो गए; कलित = सुन्दर; बढ़्यो = बढ़ा-बहा; कढ़्यो मानो...कलिंद ते = मानो सूर्य (कलिंद) से यमुना (तरनि तनूजा) का दूसरा प्रवाह निकला। शिवाजी के भय और आतंक का वर्णन।

(10) बासव = वासव—इन्द्र; बिसरत = भुला दिए जाते हैं; विक्रम की कहा चली = विक्रमादित्य की बात (चर्चा) ही क्या चली?—अर्थात् विक्रमादित्य शून्य है। बिक्रम लखत...बुलन्द के = श्रेष्ठ (बुलन्द) भाग्यवान् (बखत-वख़्त) वीर का पराक्रम देखते हुए। जागे तेज बृन्द...साहिनन्द के = राज्यासनारूढ़ (मसनद) तेजवान् शिवाजी नरेन्द्र जो शाह के पुत्र, अपने कुल के चन्द्र और मकरन्द की माला हैं, के उदित होने पर। जागे = जगने पर, उदित होने पर; तेजबृंद = तेज के समूह—सूर्य—तेजवान्; मसनंद = मसनद—गद्दी पर बैठे हुए (मसनंद में अनुस्वार अनुप्रास के लिए), माल मकरंद = सुगन्धि की माला—यशस्वी; साहिनंद = शाह के पुत्र; देस देस = देश-देश में; बैरि नारिन मैं = शत्रुओं की स्त्रियों में; कनकलतानि इंदु...मकरंद के = (शत्रु नारियों के रोने का आलंकारिक वर्णन) स्वर्ण लताओं (शरीर) में चन्द्रमा (मुख) शोभित हैं, चन्द्रमा में कमल (आँखें) शोभित हैं, कमलों से मकरन्द के बूँद (आँसू की बूँदें) झरते हैं। रूपकातिशयोक्ति। विक्रम और आतंक का वर्णन।

(11) उद्धत = उद्दण्ड, असहनीय, दुंदुभी धुकार = डंके, नगाड़े की चोट; बालबृंद = बालक समूह, बाल-बच्चे, स्त्री-पुत्र; चतुरंग = चार अंगों वाली सेना; अंगरज = शरीर अथवा टापों से उड़ी धूलि; रजपुंज = रजस् पुंज, राजसी तेज ऐश्वर्य; परन = शत्रु का बहु. (पर = शत्रु); दच्छिन के नाथ = महाराष्ट्र के राजा; हाथ चढ़ैं = हाथ में धारण किए जाते हैं, मुहा.—अधिकार में आते हैं; कसीसैं = खींचने से (< कष); करत कसीसैं...तुरकन के = (तेरे द्वारा) बाणों का कर्षण करने के साथ ही तुर्कों के प्राण छूट जाते हैं। वाण छूटते ही (लगने से पहले ही) शत्रु के प्राण छूटते हैं। शिवाजी के आतंक का वर्णन।

(12) मंगन = याचक, भिखारी; मनोरथ = कामना, इच्छा; मंगन मनोरथ...दाता = माँगने से पहले ही तुम देने वाले हो; सो = समान; गाय को सकत = कौन गान कर सकता है; निज बखत बढ़ाय करि = अपने भाग्य का उत्कर्ष करते हुए, अपना भाग्य बनाते हुए; दीनता को डारि = दीनता को दूर हटाकर (डारि); दीह = दीर्घ; दीनता...आइयतु है = दीनता को दूर करके, अधीनता को नष्ट करके, विकट दारिद्र्य को मार कर (रख देता है जो) तेरे द्वार पर (कुछ याचना करने) आता है। दानशीलता का वर्णन।

(13) गुनन सों = गुणों से; इनहूँ को = इनको भी—विद्वान्, गुणीजन, कवि आदि; गुननसों = रस्सी अथवा जंजीरों से; उनहूँ को = उनको भी—शत्रु वर्ग; लाइयतु है = (तू) लाता है; पायगहि = पैर पकड़कर—पैर छूकर—सम्मान देकर; ध्याइयतु = ध्यान करता है; पायगहि = पकड़ पाकर—बन्दी बनाकर; ध्याइयतु है = ध्यान रखता है कि छूटकर भाग न जाएँ; रस रोस = प्रेम और क्रोध; पाइयतु है = पाया जाता है; दोहाई = दोहादि—काव्य; ज्याइयतु = जिलाता है—पालन करता है; दोहाई = दुहाई—शरण में आने के लिए वाचक शब्द; ज्याइयतु है = प्राण बचा (छोड़) देता है। वीरता की प्रशस्ति। यमक का उदाहरण।

(14) सीता संग = 1. साथ में सीता, 2. सी-ता-संग—ऐश्वर्य (सी < श्री) उसके (ता) साथ (संग); सुलच्छन = 1. सुलक्षण, 2. श्रेष्ठ लक्ष्मण; भरत = 1. भरत, 2. भरण-करता है; नीति चारु = सुन्दर-श्रेष्ठ नीतियाँ—साम, दाम आदि; कुल सूर = 1. सूर्य कुल, भानुवंश, 2. वीरों का कुल; दासरथी = दशरथ

के पुत्र-राम, 2. रथी हैं दास जिनके—वीर जिनके अनुचर हैं—शिवाजी; अरिलंक = 1. शत्रु (रावण) की लंका, 2. शत्रुओं की कमर; जोर = जोरदार, प्रखर; बान = 1. वाण, 2. स्वभाव; सिंधुर हैं = 1. हाथी हैं, 2. सिन्धु रहता है (सिंधु—रहै); बाँधे = 1. (द्वार पर) बँधे हुए, 2. बाँधा है—वश में कर लिया है; तेगहि कै = ते-गहि-कै (युद्ध में) वे भलीभाँति पकड़कर (गहि कै); 2. तलवार से ही—तेगहि कै; जौन राकस मरद जानैं = 1. जिस राक्षस को वीर समझते हैं, 2. यवन (जवन > जौन) को राक्षस (जैसा) वीर (मर्द) समझते हैं। शिवाजी की प्रशस्ति। श्लेष का उदाहरण।

(15) पीरी पीरी हुन्न = पीली पीली मोहरें (हुन = सोना); सुबरन = सुवर्ण, सुन्दर वर्ण—काव्य; एक पल ही मैं लाख रूखन सो लेत लोग, तुम राजा ह्वै कै लाख दीबे को सचेत हौ = अन्य राजा लोग एक पल ही में (आतंक के द्वारा विजितों से) लाखों (मुद्राएँ) ले लेते हैं जैसे वृक्षों से (तना छेदकर) लाख ली जाती है (लाख में श्लेष) (लेकिन) तुम राजा होकर (भी) (अपने याचकों कवियों को) लाख (मुद्रा) देने को तत्पर (सचेत) हो। बड़े दानी दुनी...हेत हो = (आप) संसार (दुनी) के ऊपर (सर्वश्रेष्ठ) दानी (आखिर) किसलिए कहे जाते हो। रीझि हँसि हाथी हमैं सब कोऊ देत रहा = (सर्वश्रेष्ठ इसलिए हो कि) क्या हमसे सब कोई प्रसन्न होकर हाथ भी मिलाता है (हाथी देत)? अर्थात् सब तो वाचिक सम्मान भी नहीं देते (जबकि) एक तुम्हीं प्रसन्न होकर हमें हाथी दान करते हो (रीझि हँसि हाथी एक तुमहियै देत हौ)। शिवाजी की दानशीलता का वर्णन।

गुरु गोबिन्द सिंह

सिखों के दशम गुरु गोबिन्द सिंह का जन्म 26 दिसम्बर सन् 1666 ई. (सं. 1723) में पटना में हुआ। उन दिनों इनके पिता गुरु तेगबहादुर पूर्वी भारत की यात्रा कर रहे थे। 'गुरुद्वारा पटना साहिब' गुरु के जन्म-स्थान के रूप में प्रसिद्ध है। गुरु गोबिन्द सिंह उत्तर मध्यकाल के प्रमुख धार्मिक और राजनीतिक नेता थे। 'खालसापंथ' का निर्माण करके इन्होंने धर्म की रक्षा, जाति का संगठन और मुगलों की राज्यसत्ता को चुनौती दी। पंजाब के अतिरिक्त उत्तर-पूर्वी पहाड़ी अंचल और दक्षिण भारत भी इनका कार्यक्षेत्र रहा। केवल 42 वर्ष की अल्पायु में ही 7 अक्टूबर, सन् 1708 सं. 1765 में नांदेड़ (महाराष्ट्र) में इनका देहावसान हो गया।

गुरु गोबिन्द सिंह ने हिन्दी, पंजाबी और फ़ारसी भाषाओं में रचना की है। हिन्दी से तात्पर्य ब्रजभाषा से है। ब्रज मध्यकाल की प्रमुख काव्यभाषा थी, पंजाबी उनकी मातृभाषा थी और फ़ारसी उस युग की संस्कृति का अभिन्न अंग थी। 'दशम ग्रन्थ' इनकी रचनाओं का संग्रह है। इसमें 16 रचनाएँ संगृहीत हैं। इनमें 'वार भगउती जी की' (पंजाबी) और 'जफ़रनामा' तथा 'हिकायतें' (फ़ारसी) को छोड़कर शेष 13 ब्रजभाषा की हैं–जापु, अकालस्तुति, विचित्र नाकट, चण्डी चरित्र (प्रथम), चण्डी चरित्र (द्वितीय), ज्ञानप्रबोध, चौबीस अवतार, महंदी मीर, ब्रह्मावतार, रुद्रावतार, स्फुट सवैये, शस्त्रनाम माला और चरित्रोपाख्यान। विषयवस्तु की दृष्टि से इन रचनाओं में 'जपु', 'अकालस्तुति', 'ज्ञानप्रबोध' और 'सवैये' सन्त परम्परा का परिचय देती हैं। 'विचित्र नाटक' आत्म कथात्मक काव्य है। 'चण्डी चरित्र' (प्रथम), 'चण्डी चरित्र' (द्वितीय),

'वार-भगउती जी की', 'चौबीस अवतार', 'ब्रह्मावतार' और 'रुद्रावतार' में क्रमशः भगवती, विष्णु के चौबीस अवतारों और ब्रह्मा तथा शिव के अवतारों की कथा है। 'शस्त्रनाम माला' में मध्ययुगीन शस्त्र नामों के व्याज से रहस्यात्मक और आध्यात्मिक विषयों का संकेत किया गया है जिसमें कूट शैली का निर्वाह द्रष्टव्य है। ये रचनाएँ प्रबन्ध और मुक्तक दोनों प्रकार की हैं। 'दशमग्रन्थ' के सम्बन्ध में लगभग सौ वर्ष पहले से एक विवाद चला आ रहा था। सिख मत को स्वतन्त्र धर्म के रूप में प्रतिष्ठित किए जाने के आग्रह के कारण ऐसी रचनाओं को जिनमें पौराणिक अवतारवाद, मूर्तिपूजा आदि का आधार है, गुरु गोबिन्द सिंह द्वारा रचित मानने से इनकार किया जाने लगा। लेकिन इधर सुधी विद्वानों ने गम्भीर शोध करके प्रमाणित कर दिया है कि सम्पूर्ण ग्रन्थ गुरु की ही रचना है, न कि गुरु के आश्रित अन्य कवियों की, जैसा कुछ आलोचकों ने सिद्ध करना चाहा है। इस प्रकार दशमग्रन्थ को पुनः महत्त्व प्राप्त हुआ, यद्यपि उसे पहले की भाँति सिखपंथ में धर्मग्रन्थ का दर्जा नहीं मिल सका।

गुरु गोबिन्द सिंह चमत्कारी व्यक्तित्व के धनी थे। धर्मकार्य, राजनीति, युद्ध और साहित्य सभी में उनकी गति थी। इनके साहित्य की भूमि भक्ति है। मध्यकाल में ब्रह्म विषयक धारणा दो प्रकार की रही है—निर्गुण निराकार निर्विशेष ब्रह्म जो केवल ज्ञानगम्य है तथा सगुण साकार सविशेष ब्रह्म जो भक्ति का विषय है। गुरु गोबिन्द सिंह की रचना में सन्त परम्परा से प्राप्त—विशेषकर गुरु नानक देव से चलकर नौ गुरुओं की परम्परा से होती हुई ज्ञान विषयक ब्रह्म की अवधारणा यद्यपि मिलती तो है फिर भी भक्ति विषयक ब्रह्म—अवतार धारणा के अनुपात में पर्याप्त कम है। 'दशमग्रन्थ' इसका प्रमाण है। इसका कारण यह है कि औरंगजेबकालीन राजनीति और इस्लामेतर धर्मावलम्बियों पर किए जाने वाले अत्याचार के वातावरण में ईश्वर के ऐसे स्वरूप की प्रतिष्ठा अपरिहार्य हो गई थी जो दुष्टों का संहार करके भक्तजनों का कष्ट दूर करे। इसीलिए चण्डी, ब्रह्म, रुद्र और विष्णु के चतुर्विंशति अवतारों की पौराणिक कथाओं को आधार बनाकर गुरु ने महत्त्वपूर्ण काव्यों की रचना की है। यह ठीक

है कि इनकी रचना में भक्ति का वैसा सूक्ष्म विश्लेषण नहीं मिलता जैसा तुलसी-सूर अथवा कबीर-नानक की रचनाओं में पाया जाता है। फिर भी युगीन सन्दर्भ में इनका महत्त्व निर्विवाद है।

इनकी रचनाओं में वीर रस की अभिव्यंजना सर्वाधिक हुई है। वीरत्व लौकिक गुण है। वीर रस कर्मप्रधान होता है। कर्म समाज का पोषक है। गुरु गोबिन्द सिंह के कर्मशील जीवन के साथ इसकी संगति बैठना सहज था। वीर के अतिरिक्त अद्भुत, शान्त, बीभत्स, भयानक और श्रृंगार रसों की उपस्थिति भी मिलती है। अद्भुत का समावेश विशेष रूप से भक्ति के प्रसंग में हुआ है। बीभत्स और भयानक रस युद्ध वर्णन में मिलते हैं। शान्त रस की व्याप्ति ज्ञानयोग सम्बन्धी रचनाओं में है। श्रृंगार वर्णन भी इनके यहाँ प्राप्त है जो इन्हें सन्त परम्परा से किंचित् अलग करता है। कथाश्रित काव्यों की रचना करने में श्रृंगार स्थलों से भी गुजरना पड़ता है। 'चौबीस अवतार' में कृष्णावतार के प्रसंग में राधा-कृष्ण और अन्य गोपियों की प्रेम व्यंजना में श्रृंगार के दर्शन होते हैं जिसमें रूपवर्णन, नखशिख, पूर्वराग, मान, प्रवास आदि सभी का प्रसंगोचित निर्वाह किया गया है। बियोग के ऊहात्मक चित्रण में यदि रीतिकाव्य परम्परा का संस्पर्श देखा जा सकता है तो 'बारहमासा' लोक शैली के प्रति इनके आकर्षण को सिद्ध करता है। कृष्णावतार की कथा में वात्सल्य का चित्रण भी थोड़ा-बहुत हुआ है। करुण और हास्य रस के स्थल भी अपवाद स्वरूप मिल जाते हैं।

यद्यपि कवि रूप में इनका स्थान सन्तों की परम्परा में ही निश्चित किया जाता है फिर भी अलंकार योजना को देखते ये काव्यरीति के अच्छे ज्ञाता सिद्ध होते हैं। इसी प्रकार छन्दोविधान की दृष्टि से भी मात्रिक और वर्णिक छन्दों का बहुविधि प्रयोग इनकी गम्भीर शास्त्र-शिक्षा का परिचय देता है। इन्होंने मुख्य रूप से पदशैली, दोहाशैली, वीरगाथात्मक शैली और दोहा-चौपाई शैली का प्रयोग किया है।

इनकी मुख्य काव्य भाषा ब्रज है। यद्यपि शब्दविधान पर मातृभाषा पंजाबी

का गहरा प्रभाव है फिर भी उसका व्याकरणिक ढाँचा ब्रज का ही है। तत्सम, अर्धतत्सम और फ़ारसी-अरबी के शब्दों के साथ ही अन्य विभाषाओं के शब्द भी मिल जाते हैं। इनके भाषा-विनियोग में यह तथ्य ध्यातव्य है कि इन्होंने सन्तों की परम्परागत भाषा का प्रयोग नहीं किया अपितु तत्कालीन प्रधान काव्यभाषा को ही ग्रहण किया है।

प्रस्तुत संकलन उनके ग्रन्थ—'चण्डी चरित्र उक्ति विलास' से किया गया है। मार्कण्डेय पुराण के तेरह अध्याय 'दुर्गासप्तशती' नाम से प्रसिद्ध हैं जो प्राचीनकाल से शक्ति उपासना में सिद्धपाठ के रूप में पूज्य रहे हैं। इनमें दुर्गा के तीन चरित्र—प्रथम, मध्यम और उत्तर क्रमशः एक, तीन और नौ अध्यायों में वर्णित हैं। प्रथम में मधुकैटभ वध, मध्यम में महिषासुर वध और उत्तर में शुंभ-निशुंभ-रक्तबीज-चण्ड-मुण्ड आदि दैत्यों के वध की कथा है। 'चण्डी चरित्र उक्ति-विलास' दुर्गा सप्तशती पर आधृत रचना है। सप्तशती जहाँ शाक्ततन्त्रोपासना में सिद्धि का सोपान है वहीं उसमें काव्य सौन्दर्य भी भरपूर है। विशेषकर दुर्गा की छवि, स्तुति और युद्ध के प्रसंगों में पुराण-कवि की सर्जनात्मक प्रतिभा का विस्फोट दर्शनीय है, उक्तिविलास में उतना विशद् और सूक्ष्म चित्रण नहीं मिलता। यह अविकल अनुवाद का प्रयास मात्र नहीं है। गुरु गोबिन्द सिंह ने औरंगजेब के विरोध में हिन्दू शक्तियों का समन्वय करके एक मोर्चा खड़ा करने का प्रयास किया था जिसके लिए सुनियोजित युद्ध धारणा की आवश्यकता थी। इसी युद्ध धारणा की प्रतिष्ठा के लिए उन्होंने 'चण्डी चरित्र उक्तिविलास' की रचना की। इसमें चण्डी के द्वारा दैत्यों का संहार ही मुख्य रूप से उभरा है। अन्य प्रसंग और अवान्तर कथाएँ प्रायः छोड़ दी गई हैं। यह प्रबन्ध रचना है लेकिन इसके प्रबन्धन में पर्याप्त शिथिलता है। इसकी भाषा का व्याकरणिक ढाँचा ब्रज का है फिर भी पंजाबी शब्द प्रयोग के साथ ही पंजाबी व्याकरणिक रूप भी मिल जाते हैं। ऐसा होना सहज ही है। 'उक्तिविलास' की रचना में मुख्य रूप से सवैया—दुर्मिल, मत्तगयंद और सुन्दरी भेदों में—छन्द प्राप्त है। दोहा जिसे 'दोहरा' नाम दिया गया है जो सवैयों के बीच कथासूत्र जोड़ने में सहायक हुआ

है। सोरठा भी कुछ स्थानों पर दोहे की जगह आ गया है। कवित्त, तोटक (त्रोटक-चार सगण) और लवंगम छन्द भी प्रयुक्त मिलता है। कवित्त, नाम से सोलह-पन्द्रह की यति वाला मनहरणछन्द है। एक स्थान पर सोलह-सोलह की यति की घनाक्षरी भी मिलती है। लवंगम (21 मात्रा) केवल दो स्थानों पर प्राप्त है।

गुरु गोबिन्द सिंह के सभी ग्रन्थ गुरुमुखी लिपि में प्राप्त हैं। उसी से उनकी रचनाओं के हिन्दी संस्करण तैयार किए गए हैं।

चंडी चरित्र उक्ति विलास

तारनि लोक, उधारनि भूमिहिं, दैत-संहारनि चंडि तुही है।
कारन ईस कला, कमला, हरि अद्रि-सुता जहँ देख उही है।
तामसता ममता नमता कविता कवि के मन मध्य गुही है।
कीनौ है कंचन लोह जगत्त में पारस-मूरति जाइ छुही है ॥1॥

त्रास कुटुम्ब के होइ उदास अवास कौं त्यागि बसौ बन राई।
नाम सुरथ्थ मुनीसर वेष समेत समाधि समाधि लगाई।
चंडि अखंड खँडे करि कोप भई सुर-रक्षन कों समुहाई।
बूझह जाइ तिनै तुम साध अगाध कथा किहि भाँति सुनाई ॥2॥

युद्ध करौ तिन सौ भगवन्त न मारि सकैं अति दैत बली है।
साल भये तिन पंच हजार दुहू लड़ते नहिं बाँह टली है।
दैतन रीझि कहो 'बर माँगि', कहौ हरि सीसन देहि भली है।
धारि उरू पर, चक्र सौं काटि कै, जोति लै आपने अंग मली है ॥3॥

युद्ध करो महिषासुर दानव मारि सबै सुर-सैन गिरायौ।
कै-कै दुटूक दये अरि खेत महा बर-बंड महारण धायौ।
स्रोनित रंग सन्यौ निसरौ जसु या छवि कौ मन मैं इहि आयौ।
मारिकैं छत्रिन कुंड के क्षेत्र में मानहु पैठिकैं रामजू न्हायौ ॥4॥

युद्ध कियौ महिषासुर दानव, देखत भानु चलै नहिं पंथा।
स्रोन-समूह चल्यौ लखिकै चतुरानन भूलि गए सब ग्रंथा।
माँस निहारि कैं गिद्ध रड़ैं चटसार पढ़ैं जिमि बालक संथा।
सारसुती-तट लै भट-लोथ शृगाल कि सिद्ध बनावत कंथा ॥5॥

वीर बली सरदार दयैत सु क्रोध कै म्यान तै खड्ग निकारौ।
एक दयौ तन चंडि प्रचंड कै, दूसर केहरि के सिर झारौ।
चंडि सम्हारि तबै बलु धारि लयौ गहि नारि धरा पर मारौ।
ज्यों धुबिया सरिता-तट जाइकैं लै पट को पट साथ पछारौ ॥6॥

भजी चमू महिषासुरी, तकी सरन निज ईस।
धाइ जाइ तिन यौं कहौ, हन्यौ पदम भट बीस ॥7॥

बैठि तबै गिरिजा अरु देवन बुद्धि इहै मन मध्य बिचारी।
जुद्ध किए बिनु फेर फिरै नहिं भूमि सबै अपनी अवधारी।
इंद्र कह्यौ अब ढील बने नहिं मातु सुनौ यह बात हमारी।
दैतन के बध काज चली रण चंडि प्रचंड भुजंगिनि कारी ॥8॥

आयसु पाइकैं दानव को दल चंडि के सामुहैं आइ अरौ है।
ढार औ साँग कृपानन लै कर मैं वर वीरन जुद्ध करौ है।
फेरि फिरैं नहिं आहब तैं मन में तिह धीरज गाढ़ धरौ है।
रोक लई चहुँ ओर तैं चंडि सु भानु मनौ परवेष परौ है ॥9॥

गाजि कै चंडि महाबली मेघ सी बुंदन ज्यौं अरि पै सर डारे।
दामिनि सौं खग लै कर मैं बहुवीर अधंधर कै धर मारे।
धाइत घूमि परे तिह यों उपमा मन मैं कवि ये अनुसारे।
स्रोण-प्रवाह मनो सरिता तिहि मध्य धँसी करि लोथ करारे ॥10॥

लै कर मैं असि दारुण काम करे रन मैं अरि सों अरनी है।
सूर चले बलिकै बलवान, सु स्रोण चल्यौ बहि बैतरणी है।
बाँह कटी अधबीच तै सुंड सी सो उपमा कवि ने सुंबरनी है।
आपस मैं लरिकैं सु मनो गिरि तें गिरी सर्प की द्वै घरनी हैं ॥11॥

टिप्पणी

(1) तारनि = तारने वाली; उधारनि = उद्धार करने वाली; दैत = दैत्य राक्षस; अद्रिसुता = पर्वत पुत्री–पार्वती; कारन ईस...उही है = ईश (शिव) कमला (लक्ष्मी), हरि (विष्णु), पार्वती के कला (स्वरूप) में वही कारणभूत रूप में विद्यमान है। तामसता = तमोगुण; ममता = मोह–सांसारिकता; नमता = नमित होना, अधीनता; तामसता ममता...मध्य गुही है = तमोगुण एव

सांसारिकता को अधीन करके (सत्वोद्रेक से जन्म लेने वाली) कविता को कवि के मन के मध्य गूँथ दिया है—प्रतिस्थापित कर दिया है। जाइ छुही है = जिसने (इसे) छुआ है; कीनो है कंचन...छुही है = जगत् में जिसने भी इस पारस मूर्ति को छुआ है उस लोहे को इसने सोना बना दिया है। सन्दर्भ = वंदना।

(2) सुरत्थ = सुरथ नामक राजा जिसका उल्लेख दुर्गा सप्तशती में आता है; समाधि = समाधि नामक वैश्य; समाधि = समाधि, ध्यान; अखंड = अत्यन्त बलशाली जो अखण्डित हैं—दैत्य; सुर रक्षन कौं = देवताओं की रक्षा के लिए; समुहाई = सामने आई, प्रस्तुत हुईं; किहि भाँति = किस प्रकार की। दुर्गा सप्तशती के प्रथम चरित्र के इन छन्दों का सन्दर्भ यह है कि सुरथ नामक राजा का प्रभुत्व समाप्त हो गया था इसलिए वे शिकार के बहाने घोड़े पर सवार हो अकेले ही घने वन में चले गए थे (दुर्गा. 1/9)। वहाँ उन्होंने मेधा मुनि का आश्रम देखा (1/10)। उस आश्रम में कुछ काल तक रहे। वहाँ उन्हें एक वैश्य दिखा। पूछने पर उसने बताया कि मैं समाधि नाम का वैश्य हूँ। मुझे दुष्ट-धन-लोभी, स्त्री-पुत्रों ने घर से निकाल दिया है। इसलिए दुःखी होकर चला आया (1/23)। फिर दोनों मेधा मुनि के पास गए और उनसे अपने चित्त की चंचलता और दुःख का कारण पूछा (1/36-42) तब मेधा मुनि ने यह कथा सुनाई (1/46)।

अर्थ : "उदास होकर अपना नगर छोड़कर राजा सुरथ वन में बसा। वहाँ कुटुम्ब के त्रास से दुःखी समाधि नामक वैश्य भी था। राजा ने समाधि वैश्य के साथ (समेत) मुनीश्वरों जैसे वेष में रहकर ध्यान लगाया और देखा कि चंडी ने कुपित होकर अखण्डित (बलशाली) राक्षसों को खण्डित कर दिया है और वे देवताओं की रक्षा के लिए प्रस्तुत हो गई हैं। तब उन दोनों ने साधु (मेधा मुनि) से जाकर पूछा कि यह अगाध कथा किस प्रकार की है, मुझे सुनाइए।"

(3) नहिं बाँह टली है = (उनकी) बाँहें मल्लयुद्ध (बाहुयुद्ध) से हटी नहीं हैं अर्थात् विश्राम नहीं किया है; कहौ = कह्यौ—कहना का भूतकाल; भली है = (बात) उचित है; उरू = जंघा; आपने अंग मली है = अपने भीतर समाविष्ट कर लिया—पंजाबी की विशिष्टता, ब्रज. मेलना = डालना, रखना का ध्वन्यात्मक

अन्तर युक्त पंजाबी रूप। सप्तशती सन्दर्भ : प्रथम चरित्र 1/91-103 कल्प के अन्त में जब सम्पूर्ण जगत् महासागर में डूब रहा था, प्रभु भगवान् विष्णु शेषनाग की शय्या पर योगनिद्रा का आश्रय ले सो रहे थे। उस समय उनके कान के मैल से दो भयंकर असुर मधु और कैटभ नाम के उत्पन्न हुए। वे दोनों विष्णु के नाभि कमल पर स्थित ब्रह्मा को मारने के लिए उद्यत हुए। उन्हें पास आया देखकर और विष्णु को सोता देखकर उन्हें जगाने के लिए उनके नेत्रों में निवास करने वाली योगनिद्रा का ब्रह्मा ने स्तवन किया। (1/66-69)। योगनिद्रा से मुक्त होकर विष्णु ने देखा कि मधु-कैटभ क्रोध से आँखें लाल किए ब्रह्मा को खा जाने का उद्यम कर रहे हैं। भगवान ने उनसे पाँच हजार वर्ष पर्यन्त केवल बाहु युद्ध किया। वे दैत्य अपने बल से और महामाया के प्रभाव से मोहग्रस्त हुए और कहने लगे कि हम तुम्हारी वीरता से प्रसन्न हैं, हमसे वर माँगो। भगवान ने उनसे अपने हाथों मारे जाने का वर माँगा। इस प्रकार वे धोखे में आ गए; लेकिन जब देखा कि जगत् में जल ही जल है तो विष्णु से कहा कि जहाँ पृथ्वी जल से डूबी न हो वहाँ हमें मारो। तब विष्णु ने अपनी जंघा पर रखकर चक्र से उनके सिर काट लिये।

(4) सन्दर्भ—मध्यम चरित्र—महिषासुर युद्ध। बरबंड = बलवान्; कुण्ड के क्षेत्र में = (कुरु) क्षेत्र के कुण्ड (सरोवर) में; निसरो = निकला; रामजू = परशुराम; स्रोनित रंग...राम जू न्हायौ = रक्त के रंग में सना हुआ महिषासुर निकला। वह (जैसी) छवि से (युक्त) था कि (उसे देखकर) मन में यह (भाव) आया मानो क्षत्रियों को मारकर कुरुक्षेत्र के कुण्ड में पैठ कर परशुराम नहाए हों।

यहाँ 'जैसे' (जसु) और 'मानहु' दोनों का प्रयोग होने से उपमा अथवा उत्प्रेक्षा का स्पष्ट निर्णय करने में बाधा है।

(5) सप्तशती के मध्यम चरित्र (अध्याय 2-4) में वर्णित महिषासुर युद्ध (3/25-44) का सन्दर्भ है। यहाँ कवि ने सप्तशती के अनुसार महिषासुर के मायावी युद्ध का वर्णन न करके स्वतन्त्र वर्णन किया है।

देखत भानु...पंथा = युद्ध की विकरालता से विमोहित होकर भानु पंथ चलना भूल गए, युद्ध देखते रह गए। स्रोन समूह = श्रोणित की धाराएँ, खून

की नदियाँ, चल्यौ लखिकै = बहा हुआ देखकर; रड़ैं = रटते हैं, ध्वनि करते हैं (तुल. बनरा जयराम रड़ैं—कविता.); संथा = पाठ; सारसुती = सरस्वती; भट लोथ = वीरों की लाशें; सिद्ध बनावत कंथा = सिद्धगण गुदड़ी धारण किए हैं।

(6) दयैत = दैत्य; प्रचंड कै = बलपूर्वक; झारौ = प्रहार किया; लयौ गहि नारि = गर्दन से पकड़ लिया; पट = वस्त्र; पट = शिलापट्ट जिस पर धोबी कपड़े धोता है—धोबीपाटा। पछारी = पछाड़ दिया, मार डाला।

मध्यम चरित्र के अन्तर्गत सप्तशती में जिन राक्षसों का उल्लेख है वे हैं—महिषासुर और उसके योद्धा—चिक्षुर, चामर, उदग्र, महाहनु, असिलोमा, वाष्कल, परिवारित, विडाल और अन्य महासुर (2/40-45)। इन सब का नामोल्लेख सहित युद्ध वर्णन है। किन्तु चण्डी चरित्र में केवल महिषासुर का नामोल्लेख है। यह युद्ध वर्णन उपर्युक्त किसी भी राक्षस का हो सकता है।

(7) निज ईस=अपने स्वामी की; पदम भट बीस=बीस पद्म शूरवीर—पद्म संख्यावाचक शब्द।

(8) उत्तर चरित्र की कथा इस प्रकार है कि पूर्वकाल में शुम्भ और निशुम्भ नामक असुरों ने बल के घमण्ड से इन्द्र का राज्य और यज्ञभाग छीन लिया तथा सूर्य, चन्द्र, कुबेर, यम, वरुण के अधिकार भी प्राप्त कर लिए। वायु और अग्नि का कार्य करने लगे। सब देवताओं को स्वर्गच्युत कर दिया। तब देवताओं ने यह सोच कर कि आपत्तिकाल में स्मरण करने पर जगदम्बा ने विपत्ति नाश का हमें वर दिया था (4/39), उनका स्मरण किया। देवतागण हिमालय पर जाकर विष्णुमाया की स्तुति करने लगे (5 8-80)। उस समय पार्वती गंगा स्नान के लिए वहाँ आईं। उनके शरीर कोश से शिवा शक्ति प्रकट हुई—कौशिकी। कौशिकी के प्रकट होने पर पार्वती का वर्ण काला पड़ गया और कालिका नाम से प्रसिद्ध हुईं। तदनन्तर शुम्भ निशुम्भ के भृत्य—चण्ड-मुण्ड आए और कालिका के रूप से विमोहित हुए अपने स्वामियों के पास जाकर इन्हें अपने अधिकार में ले-लेने का आग्रह किया। भृत्यों का वचन सुनकर शुम्भ निशुम्भ ने सुग्रीव को दूत बनाकर भेजा। सुग्रीव के यह निवेदन करने पर कि आप शुम्भ निशुम्भ की पत्नी बन जाएँ, कालिका ने कहा कि मैंने प्रतिज्ञा की है कि जो

मेरे अभिमान को चूर्ण करेगा वही मेरा स्वामी होगा। इस प्रकार इन को वापस कर दिया। दूत की बातें सुनकर शुम्भ निशुम्भ ने पहले धूम्रलोचन को फिर चण्ड-मुण्ड को भेजा। इनके मारे जाने पर अपनी समस्त सेना भेजी जिसमें उदायुध नाम के छियासी दैत्य सेनापति थे। कम्बु नामक चौरासी, कोटिवीर्य कुल के पचास, धौम्रकुल के सौ सेनापति अन्य थे। कालक, दौर्हृद, मौर्य और कालकेय कुल के भी असुर थे। इस सेना ने देवी को घेर लिया। असुरों के विनाश के लिए ब्रह्मा, शिव, कार्तिकेय, विष्णु और इन्द्रादि देवताओं की शक्तियाँ भी आ गईं। हर देवता की शक्ति उसके समान ही वेष और वाहन पर विराजमान थी। देवी ने शिव से दूत बन राक्षसों के पास जाने को कहा कि यदि वे जीवित रहना चाहते हों तो पाताल चले जाएँ। महादेव के वचन सुन क्रुद्ध दैत्य युद्ध के लिए प्रस्तुत हुए। दैत्यों को पीड़ित देखकर रक्तबीज नामक दैत्य आगे बढ़ा। इसे वरदान था कि जहाँ इसके रक्त की बूँद गिरेगी वहाँ उसी के समान दूसरा दैत्य प्रकट हो जाएगा। इस प्रकार हजारों की संख्या में रक्तबीज पैदा होने लगे। सारा जगत् रक्तबीजों से भर गया। इससे देवताओं को उदास देखकर चण्डिका ने काली से कहा कि तुम अपना मुख फैलाओ और मेरे शस्त्रपात से गिरने वाले रक्तबीज के रक्त को पी जाओ। इस प्रकार रक्तबीज का नाश हुआ। फिर शुम्भ और निशुम्भ का वध करके देवताओं को अभय प्रदान किया। देवताओं ने देवी की स्तुति की।

प्रस्तुत प्रबन्ध में इस कथा के संकेत कहीं-कहीं आए हैं। क्रमबद्धता नहीं है। गिरिजा = पार्वती—कालिका अथवा कौशिकी; फेर फिरै नहिं भूमि = वापस राज्य नहीं मिलता; अवधारी = अवधारण की हुई, शासित—भूमि का विशेषण; ढील बनै नहिं = ढील देने से—शिथिल होने से नहीं बनेगा।

(9) अरौ है = अड़ा है, भिड़ा है; ढार-साँग = ढाल और भाला—साँगा; आहव = युद्ध; भानु मनो...परवेष परौ है = मानों सूर्य (अपने) परिवेश (किरण मंडल) में पड़ा (घिर गया) है। सन्दर्भ—रक्तबीज की सेना से युद्ध—प्रसंग प्राप्त।

(10) गाजि कै = गर्जन करके; खग = खड्ग; अधंधर कै धर मारै = धड़ अधधड़ करके (आधे-आधे काटकर) मारे—'अंधधर' में अनुस्वार छन्दोनुरोधजन्य

है; धाइत घूमि परे = दौड़ते हुए घूम कर गिर गए; धँसी = देवी कर्त्ता की क्रिया; करि लोथ करारे = लोथों को कगार बनाते हुए। सन्दर्भ–रक्तबीज सेना से युद्ध। प्रसंग प्राप्त।

(11) काम करै रनमैं = रण में कार्य करती है–दैत्यों का संहार करती है; अरनी = अड़ने वाली, भिड़ने वाली; सूर चले बलि कै बलवान = बलवान् शूरवीर बलि होकर (मरकर) चले; बैतरणी = पुराण में वर्णित नदी–इसे पार करके जीवात्मा परलोक जाता है। सुंडसी = शुण्ड के समान।

बिहारी लाल

रीतिकाल की रीतिसिद्ध काव्यधारा के प्रतिनिधि कवि बिहारी लाल का जीवनवृत्त डॉ. ग्रियर्सन, जगन्नाथ दास रत्नाकर, मिश्रबन्धु, अम्बिका दत्त व्यास, राधाचरण गोस्वामी आदि विद्वानों ने अन्तःसाक्ष्य एवं बाह्यसाक्ष्य पर खोजने का प्रयास किया है। एक दोहे में बिहारी ने लिखा–

जनमु ग्वालियर जानियै खण्ड बुन्देलै जान।
तरुनाई आई सुघर, बसि मथुरा ससुराल॥

अर्थात् बिहारी का जन्म बुन्देलखण्ड के ग्वालियर शहर में हुआ तथा यौवन में विवाहोपरान्त वे अपने ससुराल में रहने लगे। एक अन्य दोहे में अपनी जन्म तिथि का संकेत कूट शैली में किया है, यथा–

संवतु जुग सर रस सहित भूमि रीति गिनि लीन।
कातिक सुदि बुध अष्टमी, जन्म हमें विधि दीन॥

अर्थात् जुग-दो, सर-पाँच (कामदेव के) सहित-छह भूमि-एक इस प्रकार 2561 की संख्या आती है जिसे यदि उल्टा कर दिया जाए तो 1652 बनता है जो बिहारी का जन्म संवत् है। अपने वंश के विषय में बिहारी ने लिखा है–

प्रगट भये द्विजराज कुल, सुबस बसे ब्रज आइ।
मेरौ हरौ कलैसु सबु, केसो केसौ राइ॥

इससे स्पष्ट होता है कि वे स्वयं ब्रज में आकर बस गए थे तथा केशव उनके गुरु तथा केशवराय उनके पिता थे। बिहारी का जन्म माथुर वंश में हुआ वे माथुर चौबे थे। उनका बचपन बुन्देलखण्ड में बीता और वे ओरछा नरेश के यहाँ भी रहे। ओरछा नरेश की मृत्यु के पश्चात् वे वृंदावन आकर रहने लगे थे। संवत् 1675 में शाहजहाँ ने उन्हें अपना दरबारी कवि बनाया था। अनेक राजाओं के

यहाँ से उन्हें वृत्ति मिलती थी। चित्तौड़ के राजा जयसिंह को कर्तव्य बोध करवाने के लिए उन्होंने दो दोहे लिखे थे, ऐसा लोक प्रसिद्ध है।

बिहारी की एकमात्र रचना बिहारी सतसई उपलब्ध है जिसमें 719 दोहे हैं। यह मूलतः श्रृंगारिक रचना है परन्तु भक्ति नीति के दोहे भी इसमें संकलित हैं। केवल एक रचना के बल पर विश्व साहित्य में अपना नाम दर्ज करवाने वाले कवि बिहारी की यह रचना दोहे जैसे छोटे छन्द में गम्भीर अर्थ भरने के लिए प्रसिद्ध है। बिहारी सतसई पर भर्तृहरि और हाल की सतसइयों के साथ-साथ अमरूक शतक का विशेष प्रभाव है।

बिहारी सतसई के दोहे कल्पना और बिम्बात्मकता के माध्यम से पूर्ण प्रसंगों का सृजन करते हैं। सतसई का पहला दोहा कल्पना की समाहार शक्ति का सुन्दर उदाहरण है–

मेरी भव बाधा हरौ, राधा नागरि सोइ।
जा तन की झांईं परै, स्यामु हरित दुति होइ॥

सतसई के दोहों में भाषा की समास शक्ति के दर्शन होते हैं। शब्द चयन इतना सटीक एवं सारगर्भित है कि एक भी शब्द अपने स्थान से हटाया नहीं जा सकता, यथा–

बतरस लालच लाल की मुरली धरी लुकाय।
सौंह करै, भौंहनि हँसे दैन कहे, नटि जाय॥

कम से कम शब्दों में राधा और कृष्ण की छेड़छाड़ और हास-परिहास का पूरा प्रसंग उभर आता है।

बिहारी के दोहे श्रेष्ठ मुक्त-काव्य का उदाहरण प्रस्तुत करते हैं क्योंकि प्रत्येक दोहा एक स्वतन्त्र प्रसंग, स्वतन्त्र भाव या विचार को प्रकट करता है। उनके द्वारा रचे गए नीति के दोहे भी शुष्क तथ्य कथन नहीं है। राजा जयसिंह को लिखा यह दोहा उपदेशात्मक होकर भी काव्यात्मक है क्योंकि इसमें प्रकृति-चित्रण का सहारा लेकर सांकेतिक रूप में बात कही गई है–

नाहिं पराग, नाहिं मधुर मधु, नहिं बसन्त इह काल।
अलि कलि ही सों बैधयौ, आगे कौन हवाल॥

बिहारी की सूक्तियों में वचन की वक्रता सर्वत्र है।

बिहारी ने अपने समकालीनों की तरह शब्द खिलवाड़ प्रायः नहीं किया है। रीति को सिद्ध कर लेने वाले इस महाकवि की भाषा में दुरूहता, ग्रामयत्व अथवा अश्लीलता का दोष नहीं है। शुक्लजी के शब्दों में कहें तो बिहारी के दोहे रस की छीटें हैं। बिहारी सतसई में साम्य तथा वैषम्य-मूलक अलंकारों की भरमार है। शब्दालंकार भी पर्याप्त है परन्तु अनुप्रास के चक्कर में उन्होंने अर्थ को खोया नहीं है। रूप वर्णन, प्रेम व्यापार वर्णन, नायिका भेद, हाव-भाव, अनुमान वर्णन, मिलन तथा विरह वर्णन में कवि को सफलता मिली है। कुछ ऊहात्मक चित्र भी आए हैं जिनसे बिहारी की नायिका परिहास की पात्र बनी है। ये ऊहात्मक वर्णन दरबारी और फारसी प्रभाव के परिणाम हैं। उसाँसों के साथ घड़ी के पेंडुलम की तरह दाएँ-बाएँ उड़ने वाली नायिका करुणा की नहीं, उपहास की पात्र बन जाती है। छोटी-मोटी कमियों को यदि छोड़ दें तो बिहारी की सतसई मुक्तक काव्य का आदर्श प्रस्तुत करती है, इसीलिए कहा है—

सतसइया के दोहरे, ज्यों नाविक के तीर।
देखन में छोटे लगैं, घाव करें गम्भीर॥

बिहारी

भक्ति भावना

मेरी भव-बाधा हरौ, राधा नागरि सोइ।
जा तन की झाँईं परै, स्यामु हरित-दुति होइ॥1॥

जम-करि-मुँह-तर हरि पर्‌यौ, इहिं धर हरि चित लाउ।
विषय-तृषा परिहरि अजौं नरहरि के गुन गाउ॥2॥

नीकी दई अनाकनी, फीकी परी गुहारि।
तज्यौ मनौ तारन-बिरदु बारक बारनु तारि॥3॥

बन्धु भए का दीन के, को तार्‌यो, रघुराइ।
तूठे तूठे फिरत हौ, झूठे बिरद कहाइ॥4॥

कब कौ टेरतु दीन ह्वै, होत न स्याम सहाय।
तुमहूँ लागी जगत गुरु, जगनायक जग बाय॥5॥

कीनैं हूँ कोटिक जतन अब कहि काढ़ै कौनु।
भो मन मोहन-रूपु, मिलि पानी मैं कौ लौनु॥6॥

अजौं तर्‌यौना हीं रह्यौ श्रुति सेवत इक रंग।
नाक-बास बेसरि लह्यौ बसि मुकुतन के संग॥7॥

कौन भाँति रहिहै बिरदु अब देखिबी मुरारि।
बीधे मोसौं आइकै गीधे गीधहिं तारि॥8॥

दीरध साँस न लेहि दुख, सुख साईं हिन भूलि।
दई दई क्यों करतु है, दई दई सुकबूलि॥9॥

तंत्री-नाद वित्त-रस, सरस राग, रति-रंग।
अन बूड़े बूड़े तरे जे बूड़े सब अंग ॥10॥

या अनुरागी चित्त की, गति समुझै नहिं कोइ।
ज्यौं ज्यौं बूड़े स्याम रंग, त्यौं त्यौं उज्जलु होइ ॥11॥

कैसें छोटे नरनु तैं सरत बड़नु के काम।
मढ़्यौ दमामौ जातु क्यों कहि चूहे के चाम ॥12॥

जप माला छापै तिलक सरै न एकौ कामु।
मन-काँचै नाचै वृथा, साँचै राँचै रामु ॥13॥

बड़े न हूजै गुनन बिनु बिनु-बिरद-बड़ाई पाइ।
कहत धतूरे सौं कनकु गहनौ गढ़्यौ न जाइ ॥14॥

कनक कनक ते सौ गुनी मादकता अधिकाइ।
उहि खाएँ बौराइ, इहिं पाएँ ही बौराइ ॥15॥

स्वारथु, सुकृतु न, श्रमु बृथा, देखि बिहंग बिचारि।
बाज, पराए पानि परि तुं पच्छीनु न मारि ॥16॥

कोटि जतन कोऊ करौ, परै न प्रकृतिहिं बीचु।
नल-बल जल ऊँचे चढ़ै, अन्त नीच कौ नीचु ॥17॥

अति अगाधु अति औथरो, नदी, कूपु, सरु, बाइ।
सो ताकौ सागरू, जहाँ जाकी प्यास बुझाइ ॥18॥

बुरौ बुराई जौ तजै, तौ चित खरौ डरातु।
ज्यौं निकलंकु मयंकु लखि गनैं लोग उतपातु ॥19॥

चिरजीवौ जोरी, जुरै, क्यों न सनेह गंभीर।
को धरि, ए बृषभानुजा, वे हलधर के वीर ॥20॥

शृंगार परक दोहे

नहिं परागु नहिं मधुर नहिं बिकासु इहिं काल।
अली कली ही सौं बंध्यौ, आगैं कौन हवाल॥21॥

कहत, नटत, रीझत, खिझत, मिलत, खिलत, लजियात।
भरे भौन मैं करत हैं, नैननु हीं सब बात॥22॥

कागद पर लिखत न बनत, कहत संदेसु लजात।
कहिहै सबु तेरौ हियौ मेरे हिय की बात॥23॥

जब जब वै सुधि कीजियै, तब तब सब सुधि जांहि।
आँखिनु आँख लगी रहैं आँखें लागत नांहि॥24॥

पत्रा हीं तिथि पाइयै वा घर के चहुँ पास।
नित प्रति पून्यौई रहै आनन-ओप-उजास॥25॥

पाइ महावर दैंन कौं नाइन बैठी आइ।
फिर फिर, जान महावरी, एड़ी भीड़ति जाइ॥26॥

अजौं न आए सहज रंग बिरह-दूबरैं गात।
अब हीं कहा चलाइयति, ललन चलन की बात॥27॥

औंधाई सीसी, सुलखि बिरह-बरनि बिललात।
बिच हीं सूखि गुलाब गौ, छीटौं छुई न गात॥28॥

हेरि हिडौरैं गगन तैं परी परी सी टूटि।
धरी धाइ पिय बीच हीं, करी खरी रसलूटि॥29॥

रस सिंगार-भंजनु किए, कंजनु भंजनु दैन।
अंजनु रंजनु हूँ बिना खंजनु गंजनु नैन॥30॥

लाज-लगाम न मानहीं, नैना मो बस नाहिं।
ए मुँहजोर तुरंग ज्यौं, ऐंचत हूँ चलि जाहिं॥31॥

तो पर वारौं उरबासी, सुनि राधिके सुजान।
तू मोहन कैं उर बसी ह्वै उरबसी समान॥32॥

दृग उरझत, टूट कुटुम, जुरत चतुर-चित प्रीति।
परति गाँठ दुरजन-हियैं, दई नई यह रीति॥33॥

बतरस-लालच लाल की मुरली धरी लुकाइ।
सौंह करैं भौंहनु हँसै, दैन कहैं, नटि जाइ॥34॥

प्रकृति परक दोहा

कहलाने एकत बसत, अहि मयूर, मृग बाघ।
जगतु तपोबन सौ कियौ, दीरघ-दाघ-निदाघ॥35॥

टिप्पणी

(1) भव=संसार। बाधा=रुकावट, विघ्न, सांसारिक विघ्न अर्थात् दुःख, दारिद्र आदि की चिन्ता। हरौ–दूर करना। नागरि=चतुर। झाँईं=यहाँ इसके तीन अर्थ–(1) परछाईं या आभा; (2) झाँकी या झलक और (3) ध्यान। स्यामु–(1) श्रीकृष्ण, (2) काला या नीला कल्मष, पातक दुःख आदि और श्याम रंग वाले श्रीकृष्ण। परैं=पड़ना। हरित–(1) प्रसन्न चित्त; (2) हरे रंग वाला; (3) तेज हीन, कल्मषता विहीन, दुःख रहित आदि। दुति=आभा।

यह पद श्लेष अलंकार युक्त है। यह दोहा पद है। बिहारी सतसई शृंगार रस प्रधान है अतः राधा से प्रार्थना या उनकी भक्ति या संसार के बन्धनों से मुक्ति की कामना व्यक्त की गई है। यह दोहा मंगलाचरण के रूप में भी देखा जाता है। मंगलाचरण में अपने आराध्य देव से प्रार्थना करता है कि उसकी कृति निर्विघ्न रूप से समाप्त हो जाए।

(2) जम-करि-मुँह तरहरि=यम रूपी हाथी के नीचे। धरहरि=निश्चय

करके। विषय-तृषा=विषय की तीव्र इच्छा (तृषा)। नरहरि–(1) नरसिंह भगवान, बिहारी के दीक्षा गुरु नरहरि दास।

(3) नीकी=अच्छी या भली। अनाकनी=आनाकानी, अनसुनी, बातो को सुनकर भी न सुनना। फीकी=प्रभाव कम होना, असर न होना। गुहारि=प्रार्थना, पुकार। तारन=उद्धार करने वाला। बिरदु=प्रशंसा, ख्याति। बारक=एक बार। बारनु=हाथी।

एक कहावत है कि एक हाथी पानी पीने के लिए गया, उसे मगरमच्छ पानी में खींच ले गया, डूबते हुए हाथी ने ईश्वर का स्मरण किया तो भगवान ने उसे बचा लिया उसका उद्धार किया और ईश्वर की ख्याति उद्धार करने वाले के रूप में हो गई। भक्त (बिहारी) को सांसारिक कष्टों से मुक्ति नहीं हो रही है इसी का उलाहना अपने आराध्य को दे रहे हैं।

(4) दीन=पतित, दुःखी। तार्यौ=उद्धार किया, सांसारिक कष्टों से मुक्ति दिलाई। तूठे=अकड़े हुए, गर्व से फूले हुए। बिरद=पतितों, दुखियों का उद्धार करने वाले के रूप में।

यहाँ कवि का भगवान से वक्र वचन है। क्योंकि कवि अपने को अत्यन्त दीन-दुःखी मानता है और उसे कष्टों से मुक्ति नहीं मिल रही है। यह उच्च कोटि की (सख्य भाव की) भक्ति ही है।

(5) टेरतु=पुकारना। न सहाय=(कष्टों को दूर करने में) सहायक नहीं। जगत-नामक=इस संसार के स्वामी। जग-बाय=संसार की हवा लगना, अर्थात् संसार का प्रभाव पड़ने से अपने कर्त्तव्य से च्युत होना।

इस पद में भी कवि अपने आराध्य श्रीकृष्ण की भक्ति (उलाहने के साथ) करते हैं।

(6) कोटिक=करोड़ों। जतन=प्रयत्न। काढ़ै=निकालना। मन–(1) मन, (2) मानसरोवर (श्लेष अलंकार), लौन=नमक। जैसे पानी में नमक मिल जाता है उसी प्रकार नायिका के मन रूपी मानसरोवर में कृष्ण का सौन्दर्य रूपी लावण्य मिल गया है।

यह नायिका का कथन अपनी सखी के प्रति है। अर्थात् कवि के मन में कृष्ण का रूप पूरी तरह बस गया है।

(7) इस दोहे में एकाधिक शब्दों में 'श्लेष' है। अजौं=आज तक भी। तर्योना—(1) अधोवर्ती (जिससे उद्धार न हो सका) और (2) कानों में पहनने का आभूषण। श्रुति—(1) वेद; (2) कान। इक-रंग=एक ही रीति से। नाक-बास—(1) स्वर्ग का निवास, (2) नाक का निवास। बेसरि—(1) नाक का विशेष आभूषण और (2) अधम प्राणी। यह शब्द अत्यन्त तिरस्कार और लघुता का व्यंजक है। मुकुतन—(1) मुक्त व्यक्तियों और (2) मोतियों। यहाँ पर श्लेष के माध्यम से सत्संग की महिमा का वर्णन है।

(8) रहिहै=रहेगी। बिरदु=प्रशस्ति। देखिबी=देखना है। बीधे=उलझे हो। मोसौं=मुझसे। गीधे से। गीधे=ललचाए हुए। गीधहिं=गिद्ध या सम्पत्ति गिद्ध को। तारि=उद्धार करके।

यह कवि अथवा किसी भक्त का ईश्वर के प्रति कथन है।

(9) दीरघ=गहरी (दुःख में गहरी साँस लेना)। साईंहि=स्वामी अर्थात् ईश्वर को। दई दई=हा दैवा! हा दैव! दई-दई=देव ने जो दिया है (यमक अलंकार, जहाँ एक ही शब्द अलग-अलग अर्थों के लिए एकाधिक बार प्रयोग होता है।)

यहाँ परेशानी में धैर्य रखने की प्रेरणा दी गई है।

(10) तंत्री-नाद=वीणा आदि का मधुर स्वर। कबित्त-रस=काव्य का आनन्द। सरस-राग=मधुर (सुरीला) गाना। रति-रंग=स्त्री के साथ का आनन्द। अनबूड़े=बिना पूरी तरह डूबे हुए, पूरे मनोयोग से इनमें नहीं लगते। बूड़े=डूबना, निमग्न होना। तरे=उद्धार होना, आनन्दित होना। सब अंग=पूर्ण रूप से। यहाँ कवि अपने मन्तव्य को स्पष्ट करने के लिए 'विरोधाभास' अलंकार का सहारा लेता है।

(11) अनुरागी=प्रेमी, प्रेम से युक्त। अनुरागी का रंग लाल माना जाता है। चित्त=मन, हृदय। गति=चाल, यहाँ ढंग, रीति और व्यवस्था। बूड़ै=डूबना, लगना। स्याम रंग—(1) श्रीकृष्ण, (2) काला रंग। उज्जलु—(1) निर्मल, पवित्र; (2) श्वेत।

स्याम रंग और उज्ज्वलु में 'श्लेष' है। इस दोहे में विलक्षणता यह है कि काले रंग में डूबने से वस्तु काली होती है, किन्तु चित्त श्रीकृष्ण की भक्ति में जितना डूबता है वह उतना ही उज्ज्वल होता है।

(12) छोटे तैं=निम्न लोगों से। सरत=पूरा होना। बड़नु=बड़े। दमामौ=बड़ा नगाड़ा।

यह कवि की उक्ति है। यह नीति परक दोहा है।

(13) जप माला=जपने की माला। छाप=छापे से, विभिन्न प्रकार की मुद्राओं से। मन-काँचै=कच्चे मन वाला, अस्थिर मन वाला, बिना सच्ची भक्ति वाला। साँचै=सच्चे मन वाला या सच्चा भक्ति से। राँचै=प्रसन्न होता है।

यहाँ बनवाटी भक्ति से बचने की बात कही गई है। सच्ची भक्ति से ही ईश्वर प्रसन्न होते हैं या मिलते हैं।

(14) गुननु=गुणो। बिनु=बिना, रहित। बिरद=प्रशंसात्मक नाम। कनकु–(1) सोना, (2) धतूरा।

यहाँ अच्छे व सच्चे गुणों के ग्रहण की बात कवि कहता है।

(15) कनक=धतूरा। कनक=सोना (यमक)। मादकता=उन्मत्त करने की शक्ति। सौगुनी=अत्यधिक। अधिकाइ=बढ़ जाना। बौराइ=पागल हो जाना।

(16) स्वारथु=स्वार्थी, अपना लाभ। सुकृतनु=अच्छा कार्य नहीं है, पुण्य का कार्य नहीं है। बिहंग=पक्षी, आकाश में दूर तक उड़ने वाला। पराए पानि पर=दूसरों के हाथ में पड़कर। पच्छीनु=अपंने पक्षवालों, स्वजातिवालों। बाज=एक बड़ा। पक्षी, जो अन्य पक्षियों को मारता है।

यहाँ पर लगता है बाज पक्षी की अन्योक्ति (कहा कुछ जाए और अभीष्ट कुछ और होता है=कहीं पे निगाहें कहीं पे निशाना।) द्वारा जयसिंह को चेताया जा रहा है कि तू शाहजहाँ के कहने पर अपनी जाति वालों हिन्दुओं को मत मार।

शिवाजी ने भी जयशाह को, मुसलमानों की ओर होकर हिन्दुओं से लड़ने पर, अपने पत्र में बहुत फटकारा था।

(17) कोटि=करोड़ों, कितने भी। जतन=उपाय। प्रकृतिहिं=स्वभाव में आदत। बीचु=भेद, अदल-बदल। नल-बल=नल की शक्ति के द्वारा। नीच को नीचु=अन्त में वह फिर नीचे ही गिरता है।

यहाँ कवि की उक्ति है। जिसका जो स्वभाव होता है वह वैसा ही रहता है। प्रयत्न करने से भी नहीं बदलता। निम्न दोहे में भी बिहारी ने यही बात कही है–

संगति सुमति न पावहीं, परे कुमति कैं धंध।
राखौ मेलि कपूर में, हींग न होइ सुगंध॥

(18) अगाधु=अथाह। औथरौ=उथला, छिछला, जो गहरा न हो। कूपु कुआँ। सरु=तालाब। बाइ=बावड़ी। सागरू=समुद्र।

कवि की उक्ति है कि जहाँ जिसका कार्य सिद्ध हो जाए वही उसके लिए सब कुछ है, फिर वह चाहे छोटा हो या बड़ा।

(19) बुरौ=बुरा व्यक्ति। तजै=त्याग दे। खरौ=अच्छा, पुण्यात्मा। डरात=डरता है। निकलंकु=निष्कलंक। मयंकु=चन्द्रमा। लखि=देखकर। उतपातु=विनाश, बड़ा उत्पात होना।

(20) चिरजीवौ=लम्बे समय तक जीवित रहना, दीर्घायु। सनेह=स्नेह, प्रेम। गम्भीर=गहरा। को=कौन। धटि=कम। (राधा और कृष्ण कोई किसी से कम नहीं हैं। बृषभानुजा–(1) बृषभान की बेटी; (2) सूर्य की बेटी; (3) बृषभ अर्थात् बैल की बहिन। हलधर–(1) बलदेव के भाई; (2) शेषनाग के अवतार; (3) बैल के भाई।

यहाँ राधा के मान करने पर बार-बार मनाने पर भी न मानना पर कृष्ण भी मान कर बैठे। अब दोनों किसी से कम नहीं हैं। किन्तु इनका प्रेम गहरा है और शीघ्र ही ये एक दूसरे से मिल जाएँगे। कवि का आशय राधा-कृष्ण के अटूट प्रेम का वर्णन अभीष्ट है और उन दोनों की भक्ति वांछित कृष्ण भक्ति–है।

(21) परागु=पराग कण। मधुर=मीठा। मधु=शहद। विकासु=विकास, खिलावट। अली=भ्रमर (नायक)। कली=फूल बनने से पहली अवस्था (नायिका

का पूरा विकास नहीं हुआ है।) बिंध्या=बँधना, (नायिका में पूरी तरह से लिप्त हो जाना)। हवाल=दशा।

यहाँ कवि अन्योक्ति के माध्यम से ऐसे व्यक्तियों को आगाह करता है जो पूरी तरह से आसक्त कर प्रेम में डूब गए हैं। बाकी कार्यों से उन्हें कुछ लेन-देन नहीं। कहा यह भी जाता है कि जयसिंह ने काफी बड़ी आयु में सोलह वर्ष की युवती से विवाह किया और वह राजकार्य छोड़कर उसके प्रेम में लिप्त रहने लगा। प्रजा परेशान थी, तो बिहारी ने यह दोहा लिखकर राजा के पास भेजा। जयसिंह ने प्रसन्न होकर अपनी गलती को महसूस किया और बिहारी को अपने दरबार में रख लिया।

(22) नटत=मना करना। रीझत=प्रसन्न होना। खिजत=खीजना, खिलत=खिलना, प्रसन्न हो जाना। लजियात=शर्मा जाना। मौन=भवन, घर। नैननु=नेत्रों से ही, आँखों के इशारों में बातें करना।

यहाँ नायक का नायिका से प्रेम की याचना करना और मन में प्रसन्न होकर दिखावा करते हुए नायिका के विभिन्न भावों को कवि ने मन और आँखों के सामने प्रस्तुत कर दिया है।

(23) लिखत न बनत=लिखा नहीं जाता है (नायिका के कम्प, पसीना (स्वेद), अश्रु आदि के कारण)। लजात=लज्जा आती है। हियौ=हृदय। प्रेम दोनों ओर है। नायिका के भाव इतने तीव्र हैं कि उससे लिखते नहीं बनता। शब्दों में अपने मन के भावों को अभिव्यक्त करने में वह अशक्त है।

(24) वै=वे, प्रेमी, नायक। सुधि कीजियै=स्मरण करना। सुधि=चेतनाएँ। आँखिनु आँख लगी=आँखों से आँखों का मिलना (मन में ध्यान बने रहना।) आँखें लागत नाहिं=नींद न आना।

यह कथन विरहिणी नायिका का अपनी सखी अथवा विरही नायक का अपने मित्र से हो सकता है।

(25) तिथि=हिन्दू धर्म के अनुसार दिनांक। वाघर=जहाँ प्रेमिका रहती है। चहुँ पास=चारों ओर। नित प्रति=हमेशा, प्रत्येक दिन। आनन-ओप- उजास=मुख

की आभा (सौन्दर्य) के उजाले से।

यहाँ नायिका या प्रेमिका के सौन्दर्य का अतिशयोक्ति पूर्ण वर्णन है।

(26) महावर=स्त्री के श्रृंगार में पैरों में महावर लगाने का चलन है। नाइन=नाई की स्त्री। फिरि-फिरि=बार-बार। मीड़ित=दबाकर रंग निकालने का प्रयास करना।

यहाँ नायिका या स्त्री की एड़ियों के सौन्दर्य का उल्लेख है। एड़ियाँ लालिमा लिए हुए हैं।

(27) अजौं=आज तक। बिरह-दूबरों=विरह में कृष या दुबला। गात=शरीर। चलाइयति=चलाएँ। ललन=प्रिय लल्ला। चलन=चलने की।

यहाँ नायिका नायक को विदेश जाने से रोकने का प्रयास करती है।

(28) औंधाई=पूरी तरह से डाल देना। लखि=देखकर। बरनि=तपन, जलन। बिललात=बिलबिलाना, अत्यधिक व्याकुल होना। बिच=बीच में ही। छुई=स्पर्श करना, छूना।

नायिका की सखी का नायक से नायिका के विरह का अतिशयोक्तिपूर्ण वर्णन है। इस प्रकार के पद (दोहा) ऊहात्पक कहलाते हैं।

(29) हेरि=देखकर। हिंडोरे गगन तैं=हिंडोले रूपी आकाश से। परी=पड़ना। परी-सी=परी के समान (परी में यमक) सुन्दर। धरी=धारण करना, पकड़ लेना, लपक लेना। खरी=खड़ा करना।

यह दोहा भी नायक-नायिका के प्रेम प्रदर्शन में ऊहात्मक ही है। यह सखी से सखी का वचन है।

(30) रस-सिंगार-भंजनु किए=श्रृंगार रस में पूरी तरह सराबोर होकर, हाव, भाव, कटाक्ष आदि में निपुण होकर। कंजनु=कमल के फूल।

भंजनु=मानभंग करने अर्थात् पराजित करने के लिए। अंजनु=काजल गंजनु=तिरस्कार करना। खंजनु=खंजन पक्षियों के नेत्रों को।

यहाँ नायिका के नेत्रों का सौन्दर्य वर्णित है। नेत्रों की उपमा कमल और खंजन पक्षी के नेत्रों से की जाती है किन्तु यहाँ उनका तिरस्कार किया है अर्थात् नायिका के नेत्र उनसे भी सुन्दर हैं, नायिका के नेत्रों के सामने कमल और

खंजन पक्षी के नेत्रों का मान भंग हो जाता है।

(31) लाज-लगाम=लज्जा रूपी लगाम। मोबस=मेरे वश में। मुँहजोर=न रुकने वाले। तुरंग=घोड़े। ऐंचत=खींचने पर भी।

यहाँ नायिका के नेत्र बरबस नायक को देखते रहते हैं, वे रोकने पर भी नहीं रुकते। उसकी विवशता है।

(32) उरबसी=हृदय में रहने वाली। सुजान=चतुर, सब कुछ समझने वाली। उरबसी=इन्द्र की उर्वशी नामक अप्सरा। उरबसी=आभूषण जो हृदय या छाती पर पहना जाता है। उरबसी में यमक है।

कृष्ण का राधा के प्रति प्रगाढ़ प्रेम का हवाला देते हुए सखी राधा से मान छोड़ने का आग्रह करती है।

(33) दृग=नेत्र। उरझत=आपस में गुँथना, मिलना; एक दूसरे को आँखों में आँखें डालकर देखना। टूटत कुटुम=कुटुम्ब से सम्बन्ध टूट जाता है। गाँठ=ईर्ष्या। जुरत=जुड़ना, प्रेम में परस्पर सम्बद्ध हो जाना।

प्रीति व्यवहार की यह रीति है कि उलझती कोई वस्तु है, टूटती कोई और है, जुड़ती कोई और है और गाँठ कहीं और है।

(34) बतरस=बातों का आनन्द। भौहंनु=भौंहों में। देन-देना। नटि जाए=मना कर देती है।

राधिका ने कृष्ण की मुरली छिपा ली है। बातों के लालच में अति विनोद-प्रिय बातचीत यहाँ पर प्रदर्शित है।

(35) अहि=सर्प। मयूर=मोर। मृग=हरिण। बाघ=शेर। तपोबन=तपस्वियों का वन। तपोवन में तपस्वियों के प्रभाव से विरोध जीव भी परस्पर वैर छोड़ देते हैं। दीरघ-दाघ=अत्यधिक तीव्र गर्मी वाली। निदाघ=ग्रीष्म ऋतु।

यहाँ प्रचण्ड गरमी का सुन्दर वर्णन किया है।

□□□